Leipzig

W0077258

von Stefan Sachs

Stefan Sachs, geb. 1951 in Leipzig, studierte Maschinenbau in Dresden und arbeitet seit über 20 Jahren im Industriedesign. Er leitet heute ein Leipziger Büro für Produktgestaltung und Grafikdesign.

Inhalt

Top 10 & Mein Leipzig

Stadttour   mit Detailkarte

Streifzüge

Vista Points

Erleben & Genießen

Chronik

Service von A–Z

Zeichenerklärung

 Top 10
Das sollte man gesehen haben

 Mein Leipzig
Lieblingsplätze des Autors

 Vista Point
Museen, Galerien, Architektur und andere Sehenswürdigkeiten

 Kartensymbol: Verweist auf das entsprechende Planquadrat der ausfaltbaren Karte bzw. der Detailpläne im Buch.

Willkommen in Leipzig

Wussten Sie, dass Leipzig nach Empfehlung der New York Times 2010 zu den weltweit spannendsten Orten zählte? Neben Los Angeles und Seoul gehört Leipzig zu den 31 sogenannten *places to go*, hauptsächlich wegen seiner kulturellen Glanzpunkte. Aber auch sonst werden Sie staunen: Die City zeigt sich nahezu vollständig rekonstruiert, die im Krieg zerstörte und über Jahrzehnte vernachlässigte Bausubstanz strahlt in alter Schönheit. Viele hässliche Bauten der 1970er-Jahre sind verschwunden, Baulücken wurden mit großer Behutsamkeit geschlossen – man kann ins Schwärmen geraten.

Leipzig hat sich wieder zur attraktiven, gastfreundlichen Metropole mit reichhaltigen Angeboten an Kunst und Kultur, Wirtschaft und Bildung entwickelt und macht heute einen jungen und lebendigen Eindruck wie nur wenige andere deutsche Städte dieser Größe. Kaum ein

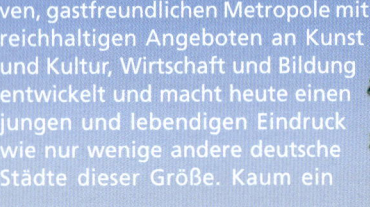

Tag vergeht ohne interessante Veranstaltungen und Aktionen, von den »Classic Open« bis zum »Wave Gothik Treffen«.

Die Leipziger sind stolz auf ihre berühmten Persönlichkeiten, auf Bach, Goethe, Leibniz, Lessing, Wagner, Schumann und Klinger, auf Lotter, Schreber, Goerdeler, Tübke und Masur. Besonders stolz sind sie aber auf ihre jüngste Geschichte. So haben sich ein Selbstbewusstsein und eine Offenherzigkeit entwickelt, die der Stadt eine sympathische Ausstrahlung verleihen.

Das Stadtbild wird geprägt von alter Industriearchitektur, den ersten deutschen Messehäusern und vollständig erhaltenen Wohnvierteln der Gründerzeit. Die fußgängerfreundliche City ist kompakt, kurze Wege durch attraktive Passagen und unter schönen Arkaden verbinden die über 350 Geschäfte, Boutiquen und Einkaufstempel und mehr als 250 Lokale und Hotels im Stadtzentrum.

Kaum zu glauben, aber Leipzig ist am Wasser gebaut. Es wird von einem Geflecht kleiner Flüsse und Kanäle durchzogen, die nach aufwendiger Sanierung zu ausgedehnten Bootsfahrten einladen. Und im Leipziger Süden entstand in ehemaligen Tagebauen eine Seenlandschaft, die an Mecklenburg erinnert. Leipzig ist mit großen Schritten unterwegs, seinem alten Ruf als »Klein-Paris« wieder gerecht zu werden.

Blick zum Neuen Rathaus vom Turm der Thomaskirche

Top 10: Das sollte man gesehen haben

1 **Hauptbahnhof**
S. 8, 42 f. ➡ bA3/4
Der größte Kopfbahnhof Europas, wurde großartig rekonstruiert. Die Leipziger sprechen liebevoll vom »Kaufhaus mit Gleisanschluss«.

2 **Nikolaikirche**
S. 9 f., 32 f. ➡ bB3
Die spätgotische Hallenkirche mit einer frühklassizistischen Ausstattung war der zentrale Ausgangspunkt der friedlichen Revolution in der DDR.

3 **Mädlerpassage**
S. 11, 43 ➡ bC2
Das Messehaus belegt den Reichtum der Stadt zu Beginn des 20. Jahrhunderts. In die Flaniermeile wurde seinerzeit Goethes »Auerbachs Keller« integriert.

4 **Barfußgässchen**
S. 14 ➡ bB2
Gasse mit der größten Kneipendichte: sächsische bis mediterrane Restaurants, Irish-Pubs, Cafés und eine Jazzkneipe.

5 **Bachmuseum**
S. 15, 24 f. ➡ bC2
Auf 750 m² Fläche werden das Leben und Wirken Johann Sebastian Bachs und seiner Familie in einer interaktiven und multimedialen Ausstellung präsentiert.

6 **Neuseenland**
Seite 22 f., 78
➡ aD–aF 1–5
Im Leipziger Land entsteht seit Jahren eine attraktive Seenlandschaft mit künftig rund 70 km² Wasserfläche. Auf zum Baden, Segeln, Surfen, Tauchen, Angeln und Boot fahren!

7 **Grassimuseum**
S. 26 f. ➡ bC/bD5
Das »Grassi« im Art-déco-Stil beherbergt das Museum für Angewandte Kunst, das Museum für Völkerkunde und das Museum für Musikinstrumente.

8 **Völkerschlachtdenkmal**
Seite 45 f. ➡ aD4
Das höchste Denkmal Deutschlands erinnert an den Sieg über das Heer Napoleons im Oktober 1813. Es bietet sich ein wunderbarer Blick auf die Stadt.

9 **Waldstraßenviertel**
S. 46 f. ➡ C/D 5–7
Eines der größten erhaltenen Gründerzeitviertel in Europa, ein Flächenarchitekturdenkmal. Hier wohnten Gustav Mahler,

August Bebel, Max Beckmann, Friedrich Ludwig Jahn, und Albert Lortzing komponierte hier seine Oper »Zar und Zimmermann«.

 Zoologischer Garten
S. 47, 75 ➜ C8
Ein traditionsreicher und innovativer Zoo in unmittelbarer Zentrumsnähe mit der Löwensavanne »Makasi Sima«, der weltweit größten Menschenaffenanlage »Pongoland« und der einzigartigen Tropenwelt »Gondwanaland«.

Mein Leipzig
Lieblingsplätze des Autors

Liebe Leser,

dies sind einige besondere Orte in Klein-Paris, die ich immer wieder gern aufsuche. Eine schöne Zeit in Leipzig wünscht Ihnen

Stefan Sachs

 Gewandhaus
S. 16, 41 f., 65 ➜ bC3
Von der Richtigkeit des Leitspruchs an der Orgel »RES SEVERA VERUM GAUDIUM« (Wahre Freude ist eine ernste Sache) muss man sich überzeugen.

 Karl-Heine-Kanal
S. 19 f. ➜ G1–F5
Der Kanal wurde ab 1856 auf Initiative des Leipziger Rechtsanwalts und Industriellen Karl Heine als erster Teil der Schifffahrtsroute von der Weißen Elster bis zur Saale angelegt.

 Museum der bildenden Künste
S. 13, 28 ➜ bA/bB2

Die Werke von Max Klinger (1857–1920), Leipzigs bedeutendem Bildhauer, Maler und Grafiker zeigt das neue Museum im Stadtzentrum.

 Museum für Druckkunst
S. 28 f. ➜ G4
Von der Schriftgießerei über Druckwerke bis zum Holzstich, hervorragende Exponate und Sammlungen zur schwarzen Zunft.

 Dr. Schrebers
S. 52 ➜ E6
Diese urgemütliche Kneipe mit Biergarten, Kleingärtnermuseum und Kinderspielplatz ist immer einen Besuch wert.

Ein Rundweg durch Gassen, Passagen und Handelshäuser

Vormittag
Hauptbahnhof – Nikolaikirche – Grimmaische Straße – Mädlerpassage – Naschmarkt – Markt – Katharinenstraße – Brühl – Hainstraße – Barfußgässchen.

Mittagessen im Kneipenviertel »Drallewatsch«: Barfußgässchen – Kleine Fleischergasse – Klostergasse.

Nachmittag
Coffe Baum – Thomaskirche – Burgstraße – Neues Rathaus – Neumarkt – Städtisches Kaufhaus – Augustusplatz – Gewandhaus – Oper – Hauptbahnhof.

Als der Leipziger ➊ **Hauptbahnhof** ➡ bA3/4 1915 als größter Kopfbahnhof Europas fertiggestellt war, zählte man bereits täglich 70 Schnell- und Eilzüge sowie 140 Personenzüge auf den 26 Bahngleisen in der Ankunft und etwa ebenso viele in der Abfahrt. Der rekonstruierte und 1997 wieder eröffnete Bahnhof, dessen Hauptgebäude eine Frontlänge von fast 300 Metern besitzt, kommt mit drei Bahngleisen weniger aus, obwohl heute täglich rund 980 Züge ein- und ausfahren.

Nach dem gelungenen Umbau zum Verkehrs-, Einkaufs- und Kulturzentrum bietet der Querbahnsteig in drei lichten Ebenen alles, was der Reisende benötigt, ist aber gleichermaßen Shoppingmeile, Standort für Erlebnisgastronomie und Schauplatz für Ausstellungen und Events. Ab 8. Dezember 2013 wird eine City-Bahn von hier durch einen vier Kilometer langen Tunnel zum Bayerischen Bahnhof fahren.

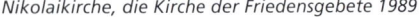

Nikolaikirche, die Kirche der Friedensgebete 1989

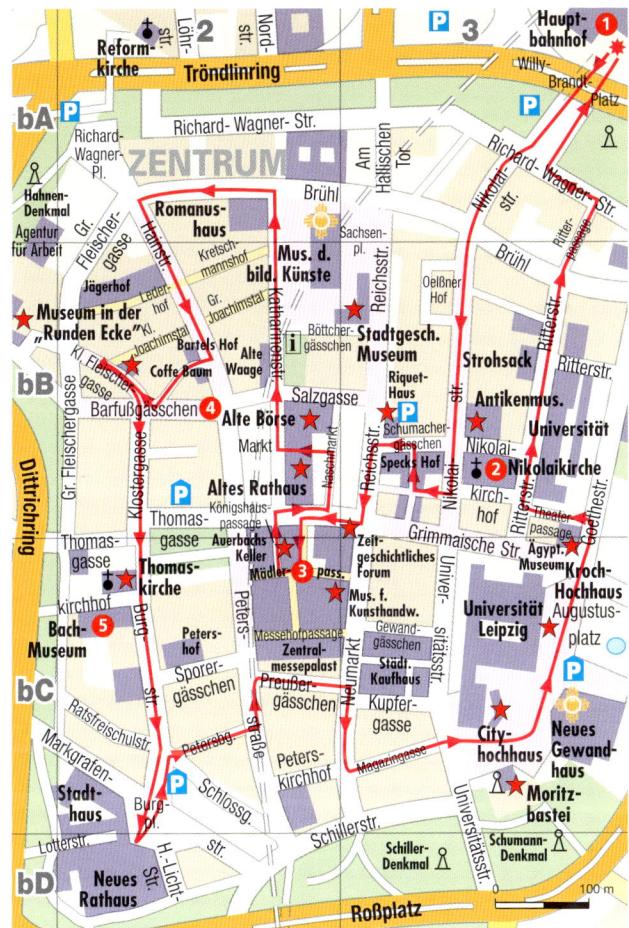

Vom Bahnhofsvorplatz führt die prächtige **Nikolaistraße** ➡ bB3 direkt in das engere Stadtzentrum. Ihre imposante Architektur repräsentiert das alte Leipziger Geschäftsleben. Das Geschäfts- und Wohnhaus **Strohsack** mit seinen Einkaufspassagen zeigt beispielhaft, dass sich neue Gebäude ausgezeichnet in ein altes Ensemble einfügen können. Die ❷ **Nikolaikirche** ➡ bB3 ist als Schauplatz der Friedensgebete und Ausgangsort der friedlichen Demonstrationen zum Symbol für den Wendeprozess geworden. Die Ereignisse des 9. Oktober 1989, als über 70 000 Menschen in Leipzig gegen die DDR-Diktatur auf die Straße gingen, nahmen hier ihren Anfang. Die Kirche selbst ist in ihrer heutigen Gestalt eine spätgotische Hallenkirche mit frühklassizistischer Ausstattung von 1797. Der Hauptturm aus dem Jahre 1555 ist 75 Meter hoch. Jeden Samstag um 14 Uhr besteht die Möglichkeit der Turmbesteigung mit Besichtigung der ehemaligen Türmerwohnung. Das Kircheninnere ist gekennzeichnet von den Stilelementen und Farben der klassizistischen Modernisierung durch den Stadtbaudirektor Johann F. C. Dauthe. Die gotischen Pfeiler wurden zu antiken Säulen mit grün treibenden Palmenblättern. Mitten auf dem **Nikolaikirchhof** ➡ bB3 ragt eine einzelne Säule empor, eine originalgetreue Nachbildung aus dem Kirchenschiff. Sie erinnert an die friedliche Revolution von 1989.

Die **Alte Nikolaischule** ➡ bB3, gegenüber der Kirche, wurde 1512 als Stadtschule gegründet und entwickelte sich zum Elite-Gymnasium mit Schülern wie Gottfried Wilhelm Leibniz, Richard Wagner und Karl Liebknecht. Der wunderschöne Renaissancebau aus dem Jahre 1568 wird heute vielseitig als Kulturcafé, Kneipe, Galerie und Antikenmuseum genutzt.

Vom Portal der Nikolaikirche ist es nicht weit bis zum fünfgeschossigen **Specks Hof** ➡ bB3, ehemals Messehaus für Schmuck-, Leder- und Galanteriewaren. Nach starken Kriegsschäden 1947 wieder aufgebaut, 1960 instand gesetzt und letztlich 1998 vollständig rekonstruiert, erstrahlt dieses von 1908 bis 1928 in Etappen entstandene Bauwerk wieder in sachlicher Schönheit. Das Haus ist von edlen Einkaufspassagen durchzogen, die von Künstlern gestalteten Innenhöfe sind eine besondere Attraktion. Hervorzuheben sind die keramischen Mosaiken von Moritz Götze.

Verlässt man Specks Hof zum Schumachergässchen, erscheint das **Riquet-Haus** ➡ bB2 an der Ecke zur Reichsstraße. Dieses Gebäude entstand 1908/09, fast alle Nachbarhäuser wurden im Krieg zerstört. Das Riquet-Haus ist besonders auffällig durch seine chinesische Turmspitze und die beiden großen Elefantenköpfe am Eingang. Vor dem Krieg konnte man hier Tee, Kakao, Schokolade, orientalische und chinesische Kunst erwerben; heute steht der Name Riquet für ein beliebtes Caféhaus.

Über den Lichthof des Hansa-Hauses erreicht man den belebtesten Einkaufsbereich der Stadt, die **Grimmaische Straße** ➡ bB2/3. In Richtung Markt fällt der **Zentralmessepalast** ➡ bC2 mit seiner Muschelkalk-Fassade auf. Das vor dem ersten Weltkrieg entstandene Messehaus brannte im Zweiten Weltkrieg aus, es wurde Ende der 1990er-Jahre vollständig entkernt, die Fassaden blieben aber original erhalten. Heute

Elefantenköpfe flankieren den Eingang zum Kaffeehaus Riquet

In der Mädlerpassage

dient der Messepalast als Kaufhaus. Gegenüber, hinter der prunkvollen historischen Fassade des ehemaligen städtischen Handelshofes ist das neue **Steigenberger Grandhotel** entstanden.

Im benachbarten Stahl- und Glasneubau hat das **Zeitgeschichtliche Forum** ➡ bB3 zum zehnten Jahrestag der Wende ein Domizil gefunden. Wer umfassend über die DDR und ihren Untergang informiert werden möchte, ist hier an der ersten Adresse. Nur wenige Meter weiter öffnet sich die bekannte Leipziger ❸ **Mädlerpassage** ➡ bB/bC2 mit dem **Auerbachs Keller** ➡ bC2 aus dem Jahre 1525, berühmt durch Goethes »Faust«. Vor den Stufen, die hinab zu Gaststätte und dem historischen Weinkeller führen, stehen die von Matthieu Molitor 1913 gestalteten Figuren von Faust, Mephisto und den verzauberten Studenten. Wertvolle Materialien, prächtiger Bauschmuck und extravagante Beleuchtung kennzeichnen die langen Gänge der Mädlerpassage mit ihren edlen Geschäften, luxuriösen Boutiquen und kleinen Lokalen. In der Rotunde vor dem Ausgang zur Petersstraße (mit einem Blick auf das ehemalige Messehaus Petershof, heute ein Kaufhaus) erklingt ein Glockenspiel aus Meißner Porzellan zu jeder vollen Stunde. An dieser Stelle schließt sich der komplett rekonstruierte **Messehof** mit seinen Passagen an. Wählt man nach einem Passagen-Rundgang wieder den Ausgang am Auerbachs Keller, richtet sich der Blick auf den **Naschmarkt** ➡ bB2.

Schmuckstück des kleinen Platzes ist das barocke Stadtpalais **Alte Börse** ➡ bB2, gebaut in den Jahren 1678 bis 1687 als Haus der Leipziger Kaufmannsgilde. Die prachtvollen Fassaden und das einladende Portal sind auffällige Zeugnisse einer ehemals reichen Handelsstadt. Im stilgerecht restaurierten Börsensaal finden heute ausgewählte Konzerte, Lesungen und Festveranstaltungen statt. Direkt vom Eingang der Handelsbörse schaut Johann Wolfgang Goethe in Richtung seines Auerbachs Kellers. Dieses Denkmal von Carl Seffner wurde 1903 errichtet.

Das **Alte Rathaus** ➡ bB2 zeigt sich bisher nur mit seiner Rückseite. Nachdem man den Durchgang zum Markt passiert hat, präsentiert sich das reine Renaissancebauwerk und Wahrzeichen der Stadt in ganzer Pracht und 90 Metern Seitenlänge. Das repräsentative Gebäude

Blick von der Alten Börse zum Naschmarkt und zur Grimmaischen Straße

wurde 1556 durch Hieronymus Lotter in nur neun Monaten auf den Grundmauern des alten gotischen Rathauses erbaut. Die asymmetrische Anordnung des Rathausturmes verleiht dem Haus Leichtigkeit und Eleganz. 1564 bekam der Turm einen Balkon für die Ansprachen der Ratsherren und Ende des 16. Jahrhunderts einen Austritt für die Bläser bzw. »Stadtpfeiffer«. Die barocke Haube des Rathausturmes stammt aus dem Jahre 1744. Mit der Wiedererrichtung des Laubengangs im Jahr 1909 wurden die wunderschönen Arkaden geschaffen, unter denen man shoppen und speisen kann. Bis zur Einweihung des Neuen Rathauses im Jahre 1905 regierte von hier aus der Bürgermeister seine Stadt. Die Ratsstube des Renaissancebaus gilt als Leipzigs schönster Raum. Der historische Festsaal in der ersten Etage dient der Stadt für repräsentative Veranstaltungen. Heute werden im Alten Rathaus die Zeugnisse und Schätze Leipzigs stilvoll in einer sehenswerten Dauerausstellung gezeigt.

Auf dem **Markt** ➡ bB2 fand 1824 die letzte öffentliche Hinrichtung durch das Schwert des Scharfrichters statt. Der Tod des Barbiers Woyzeck diente Georg Büchner als Vorlage für sein gleichnamiges Theaterstück. Der Markt zeigt sich erst seit Kurzem wieder als harmonisches Ganzes. Mit der dem Rathaus gegenüberliegenden Markt-

Altes Rathaus, ein Renaissancebau von Hieronymus Lotter

galerie wurde ein zweckmäßiger Neubau geschaffen, der geschickt die Strukturen der Vorkriegszeit aufnimmt.

Das früher unter dem Markt befindliche Untergrundmessehaus aus dem Jahre 1925 hat der Bahn-Station des City-Tunnels Platz gemacht. Die nördliche Marktansicht bietet nach aufwendiger Restaurierung ein gelungenes Ensemble von Häusern verschiedener Epochen. Unmittelbar vor dem Bau des Rathauses errichtete Lotter das rechte Gebäude, die **Alte Waage** ➧ bB2. Damals war dort das Waageamt zur Bemessung der Abgaben an die Stadt untergebracht. Heute findet man an diesem Ort Restaurants, Banken und Versicherungen.

Zu Besuch im Museum der bildenden Künste

Neben der Alten Waage führt die **Katharinenstraße** ➧ bB2 in Richtung Brühl. Die vorwiegend aus dem Barock stammende Häuserzeile ist nahezu vollständig restauriert.

Der **Sachsenplatz** ➧ bA/B2/3 wird fast vollständig vom neuen ✿ **Museum der bildenden Künste** ausgefüllt. Hier ist der bedeutendste Kunstmuseumsneubau in den neuen Bundesländern nach 1945 entstanden – ein hochmodernes und geräumiges Kunsthaus mitten in der Stadt. Die Sammlung wird seit 1837 zusammengetragen und ist damit eine der ältesten Deutschlands. Sie umfasst heute einen Fundus von 3300 Gemälden, 1000 Plastiken und 60 000 Zeichnungen mit dem Schwerpunkt altdeutsche, italienische und niederländische Malerei des 17. Jahrhunderts sowie deutsche Kunst des 19. und 20. Jahrhunderts. Noch braucht es etwas Zeit, damit die Leipziger ihren Glaskubus lieben lernen.

Im Neubau des **Stadtgeschichtlichen Museums** ➧ bB3 am Böttchergässchen, einem Vorbau des Bildermuseums, können Sonderausstellungen besucht werden. Das ebenfalls neu erbaute Katharineum ist u. a. der Standort der Leipzig-Information.

Am Leipziger **Brühl** ➧ bA2 hat der Krieg große Lücken geschlagen. Vor 100 Jahren war hier das weltweit bedeutendste Zentrum des Rauchwarenhandels zu Hause. Im Jahr 1907 zählte Leipzig 209 Rauchwarenhändler mit 1045 Beschäftigten. Die **Höfe am Brühl**, ein Komplex von Einkaufsmeilen, Gewerbeeinheiten und Wohnungen, wurde im Herbst 2012 eröffnet. Das von den Leipzigern wegen der Aluminiumfassade »Blechbüchse« genannte Kaufhaus wurde im alten Outfit neu aufgebaut und in das Ensemble integriert.

Das **Romanushaus** ➧ bA2 (1701–04) an der Ecke zur Katharinenstraße ist das wohl prunkvollste Bürgerhaus aus der Barockzeit und eines der beliebtesten Fotomotive der Stadt. Mit dem Weg über die **Hainstraße** ➧ bA/bB2 nähert man sich wieder dem Markt. In vergangenen Zeiten zählte dieses Nadelöhr zu den belebtesten der Innenstadt. Heute ist diese Straße von starkem Baugeschehen gekennzeichnet. Neue Bürger- und Handelshäuser nehmen die alten Baustrukturen

In der Nische unter dem Eckerker des Romanushauses: Götterbote Hermes

auf. Noch wartet die Hainstraße auf das bunte Treiben von früher.

Ein Abstecher in den **Jägerhof** ➡ bB2 auf der rechten Seite in Richtung Zentrum gehört unbedingt zum Rundgang. Edle Passagen führen durch schmuckvolle Handelshäuser und verbinden drei Lichthöfe. Die modernen Dachkonstruktionen harmonieren mit den Bauten aus dem frühen 20. Jahrhundert.

Unmittelbar vor dem Marktplatz erreicht man durch ein Tor den letzten erhaltenen Kaufmannshof aus der Barockzeit, den 1748 gebauten **Barthels Hof** ➡ bB2. Im Innenhof und in den Läden des Erdgeschosses wurde gehandelt, die mittleren Etagen dienten als Wohnräume. Die Kellerräume konnte man durch den sumpfig-feuchten Baugrund nicht zur Lagerhaltung nutzen, deshalb mussten die Warenlager in den Dachgeschossen untergebracht werden. Bemerkenswert ist auch der Renaissance-Erker, der den Hof zur Marktseite schmückt. Schicke Geschäfte, großzügige Büros und gute Gastronomie sind heute hier zu Hause.

Es ist mitunter kein Durchkommen im ❹ **Barfußgässchen** ➡ bB2, in der Kleinen Fleischergasse und in der Klostergasse, dem Zentrum der Kneipenmeile »Drallewatsch«. Und das bis tief in die Nacht. Für jeden Geschmack ist etwas dabei – die original sächsische Küche, das kubanische Restaurant, der Irish-Pub, der Italiener, die Jazzkneipe, das Café, das Bistro, die Diskothek und die Bierkneipe.

Am Ende das Barfußgässchens steht eines der ältesten europäischen Kaffeehäuser »**Zum Arabischen Coffe Baum**« ➡ bB2 mit einer schmuckvollen barocken Fassade. Im ehemaligen Stammlokal von Robert Schumann kann man heute deftige sächsische Kost einnehmen und das liebevoll eingerichtete Museum über die »Kaffeesachsen« besuchen. Die gegenüber liegende Sandsteinfassade mit Jugendstilelementen

Der rechteckige Innenhof des Romanushauses am Brühl

zwischen Klostergasse und Dittrichring gehört zum Wohn- und
Geschäftskomplex »Trifugium«
– eine Meisterleistung der Stadt-
instandsetzung nach der Wende.

Die **Klostergasse** ➡ bB2 zeigt
auf der einen Seite mit dem Alten
Kloster und dem Paulaner-Palais
sehenswerte Barockarchitektur.
Auf der Seite zum Markt befindet
sich die neue Marktgalerie, ein attraktives Geschäfts- und Einkaufs-
zentrum mit Parkmöglichkeiten.
An der Ecke zum **Thomaskirchhof** ➡ bC2 präsentiert sich das
mit vergoldeter Kuppel und üp-
pigem Schmuck versehene, 1904
fertiggestellte Indanthrenhaus.
Zu DDR-Zeiten war dieser Prachtbau als Kaufhaus Topas bekannt,
heute ist es Sitz einer Bank.

*Johann-Sebastian-Bach-Denkmal
vor der Thomaskirche*

Die berühmte **Thomaskirche** ➡ bC2 wurde 1482 bis 1496 als spätgotischer Hallenbau errichtet. Außer der Turmgestalt aus dem Jahre 1702
besitzt die Kirche noch die damalige Bauform. Johann Sebastian Bach
war von 1723 bis 1750 Kantor an der Thomasschule und komponierte
in dieser Zeit seine bekanntesten Werke.

In ihrer wechselvollen Geschichte diente die Kirche als Munitions-
lager der Truppen Napoleons und als Lazarett während der Völkerschlacht. Ein Erlebnis der besonderen Art bietet der Turmaufstieg mit
Besichtigung der ehemaligen Türmerwohnung, der samstags angeboten wird (außer in den Wintermonaten!). Der Blick in den 500 Jahre
alten Dachstuhl mit seinen extremen Abmessungen, seinen vier Ori-
ginalglocken und die wunderschöne Aussicht von der Galerie auf die
Altstadt sind absolut lohnenswert.

1908 konnte das **Bachdenkmal** ➡ bC2 von Carl Seffner im Tho-
maskirchhof eingeweiht werden. Anlässlich des 200. Todestages von
Johann Sebastian Bach wurde seine Grabstätte in den Chorraum der
Thomaskirche überführt. Heute ist die Thomaskirche gleichermaßen
Gottes- und Musikhaus. Der berühmte, schon um 1250 existierende
Thomanerchor zählte zu Bachs Zeiten 54 Sänger. Heute gehören
hundert Schüler zum Chor, die unter Leitung des Thomaskantors
Georg Christoph Biller das Erbe Bachs mit Motetten und Kantaten
pflegen. Das **Bosehaus** im Thomaskirchhof beherbergt das ❺ **Bach-
museum** ➡ bC2, das Bachs Gesamtschaffen in eindrucksvoller Weise
aufgearbeitet hat.

Über die Burgstraße mit dem traditionsreichen Gasthof Thüringer
Hof gelangt der Besucher zum Burgplatz und somit zum monumen-
talen **Neuen Rathaus** ➡ bD2 mit seinem 111 Meter hohen Turm und
Stilelementen aus verschiedenen Bauepochen. Der Gebäudekomplex
wurde 1905 nach Entwürfen des Architekten Hugo Licht auf den
Grundmauern der Pleißenburg aus dem 16. Jahrhundert errichtet. Hier
wird die Stadt in fast 900 Räumen verwaltet, und hier hat der Ober-
bürgermeister seinen Sitz. Interessante Ausstellungen zum städtischen
Geschehen laden Besucher ein.

Vom Burgplatz aus betritt man die neu gebaute Juridicum-Passage am türkisfarbenen **Petersbogen** ➜ bC2. Der lichtdurchflutete Durchgang mit modernen Geschäften und Kinos nimmt die alten Architekturtraditionen Leipzigs auf und führt bogenförmig in die Petersstraße. Vorbei an namhaften Kaufhäusern gelangt man über das Preußergässchen zum **Neumarkt** ➜ bC3 mit dem ersten Messehaus Leipzigs, dem **Städtischen Kaufhaus**. Dieses neobarocke Gebäude aus dem Jahre 1895 überstand die DDR-Zeit als Ruine und ist seit 1996 wieder Blickfang in der City. Darin finden sich Ladenstraßen und Restaurants für den größeren Geldbeutel.

Der Weg vom Neumarkt zur Universität sollte durch die Magazingasse führen, wo das **Varieté Krystallpalast** ➜ bC3 zu Hause ist, das Traditionen der Leipziger Kleinkunstbühnen wiederbelebt. Der Standort der **Universität**, geprägt vom **City-Hochhaus/Panorama Tower** ➜ bC3 (»Weisheitszahn«, »Uniriese«) steht kurz vor dem Abschluss umfassender baulicher Veränderungen. Seit Kurzem ist die Aula in dem neuen Universitätskomplex fertiggestellt, eine Attraktion, denn sie nimmt in ihrer Architektur auf die 1968 zerstörte Paulinerkirche Bezug (vgl. Kasten S. 36). Der Innenhof der Universität ist ein sehenswertes Ensemble aus Architektur und plastischer Kunst mit dem Leibniz-Denkmal von 1883 und dem Schinkeltor von 1836. Von der Aussichtsplattform des 1975 als Universitätsgebäude fertiggestellten City-Hochhauses (142 Meter) eröffnet sich dem Besucher eine hervorragende Rundsicht über die City, die einzelnen Stadtteile und den Auwald.

Auf dem **Augustusplatz** ➜ bC3 fanden sowohl die SED-Kundgebungen zum 1. Mai als auch die Protestdemonstrationen von 1989 statt. Der größte Leipziger Platz ist von einem Sammelsurium der Baugeschichte des 20. Jahrhunderts umgeben. Im Süden steht das neue  **Gewandhaus** ➜ bC3 aus dem Jahre 1981, die Wirkungsstätte des über 250 Jahre alten Gewandhausorchesters. Das älteste bürgerliche deutsche Konzertorchester wurde von berühmten Musikern wie Brahms, Mozart, Liszt, Weber, Schubert und Mahler dirigiert. Felix Mendelssohn Bartholdy begründete den Ruhm des Klangkörpers, hervorragende Kapellmeister wie Arthur Nikisch, Wilhelm Furtwängler, Franz Konwitschny, Kurt Masur und Herbert Blomstedt folgten ihm. Seit September 2005 hat der Mailänder Riccardo Chailly die Nachfolge angetreten. Der große Saal des neuen Konzerthauses verfügt über 1920 Plätze, der Mendelssohn-Saal über 500. Im Hauptfoyer mit seinen drei Ebenen beeindruckt die größte zeitgenössische Deckenmalerei Europas, Sighard Gilles »Gesang vom Leben«. An der majestätischen Schuke-

Orgel ist der Leitspruch des Gewandhausorchesters angebracht: *RES SEVERA VERUM GAUDIUM* – Wahre Freude ist eine ernste Sache. Pro Jahr besuchen etwa eine halbe Million Konzertfreunde die bedeutende Spielstätte.

Vom Augustusplatz in Richtung Osten steht das heute noch modern wirkende **Europa-Hochhaus** ➡ bC4 aus dem Jahre 1929. Daneben sind monumentale protzige Wohnbauten aus der Stalin-Ära aufgereiht. Die Nordseite des Platzes beherrscht die **Oper** ➡ bB4 mit ihrer Parkanlage. Das Opernhaus ist der erste Theaterneubau der DDR, entstanden von 1956 bis 1960 als klassizistisches Gebäude mit Stilelementen verschiedener Epochen. An dieser Stelle befand sich vor dem Krieg das Neue Theater.

An der Goethestraße, der Westbegrenzung des Platzes, ist das **Kroch-Hochhaus** ➡ bC3 von 1928 als erstes Leipziger Bürohaus in Stahlbetonbauweise zu sehen. Zwei gewaltige Glockenmänner auf dem Uhrenturm des markanten Bauwerks verrichten stündlich präzise ihre Arbeit. Die **Ritterstraße** ➡ bB3 verläuft parallel zur Goethestraße. Vorbei am Nikolaikirchhof mit dem 1995 sanierten **Predigerhaus** führt der Weg direkt zum Vorplatz des Hauptbahnhofs, dem Ausgangspunkt des Rundgangs ➡ bA3. Dieser letzte Wegabschnitt bietet nochmals einen Blick auf das Typische der Leipziger Innenstadt – attraktive Bürger- und Geschäftshäuser in engen Straßen und Gassen mit lebendiger Atmosphäre. ■

Das Gewandhaus auf dem Augustusplatz, davor der Mendebrunnen

Von Flüssen und Kanälen

Leipzig wird auch Klein-Venedig, Pleißethen oder Wasserstadt genannt. Der besondere Verlauf der Flüsse Elster, Pleiße, Parthe und Luppe führte alljährlich zur Überflutung der Flussauen und ließ im Laufe der Jahrhunderte einen üppigen Auwald entstehen. Das regelmäßige Hochwasser entwickelte sich zum beherrschenden Problem, so dass von 1850 bis heute erhebliche ingenieurtechnische und bauliche Projekte gegen die Überschwemmungsgefahr ausgeführt wurden. Die Elster bekam ein langes Flutbett, leistungsfähige Wehre und Ausbreitungsbecken. Trotzdem überschwemmte das heftige Hochwasser von 1954 große Teile der Stadt.

Die wirtschaftlich desolate Situation und das Unvermögen von Staatsregierung und Stadtverwaltung führten nach dem Krieg zur katastrophalen Verunreinigung der Flüsse und Kontaminierung der Uferbereiche. Ungeklärte Abwässer aus den Kohle verarbeitenden Betrieben im Südraum von Leipzig ließen vor allem die Pleiße »umkippen«. Statt die Ursachen zu beseitigen, erfolgte das Verbergen des für alle sicht- und riechbaren Übels, das Sperren der Pleiße in Rohre sowie der Abriss von Brücken und Stegen und die Verfüllung des Flussbettes mit Trümmern und Schutt.

Leipziger Künstler und Architekten waren mit dem Projekt »Neue Ufer« die Ersten, die sich unmittelbar nach der Wende für die Wiederfreilegung einsetzten. Mit Schließung der für die Verunreinigung verantwortlichen Chemiebetriebe war die Voraussetzung für eine gute Wasserqualität gegeben. Es ist der Stadt bereits bis heute gelungen, wesentliche Abschnitte der Pleiße und Elster ans Licht zu führen.

Die neuen alten Wasserläufe am Regierungspräsidium in der **Wundtstraße** ➜ H7/8, vor dem Bundesverwaltungsgericht oder im Bereich von **Otto-Schill- und Gottschedstraße** ➜ bC1 sind Ergebnis eines ganzheitlichen Gestaltungskonzepts und beliebte Fotomotive der Leipziger und deren Besucher. Die »Wasserprobleme« sind im **Naturkundemuseum** ➜ bA1 der Stadt eindrucksvoll dokumentiert. Heute erinnern Bezeichnungen wie Nonnenmühlgasse, Auenstraße oder Floßplatz an die wechselvolle Geschichte mit dem Wasser.

Im venezianischen Outfit: Gondoliere auf Leipzigs Kanälen

Die Flüsse und Bäche dienten schon immer als Trink- und Brauchwasserreservoir, doch sie waren nicht schiffbar und eine Verbindung zu Saale, Elbe und Nordsee war nicht gegeben. Abhilfe schaffen sollte das Kanalprojekt von Dr. Karl Heine. Der Rechtsanwalt und Unternehmer aus Leipzig-Plagwitz realisierte das Ausbaggern der Flussläufe, das Trockenlegen der Sumpfgebiete und die erste Dampfschifffahrt auf Elster und Pleiße. Vom Industriegebiet Plagwitz aus begann Karl Heine das Großprojekt, einen Kanal westwärts zur Saale

Neue Ufer – die wieder ans Licht geführte Pleiße am Dittrichring

ausbauen zu lassen. Bis zu seinem Tod im Jahr 1888 wurde der heutige Karl-Heine-Kanal ➡ G1–H4 auf einer Länge von 2,5 Kilometern im Stadtgebiet fertiggestellt. Im Stadtteil **Lindenau** erhielt Leipzig 1938 seinen Hafen mit einem 1000 Meter langen und 70 Meter breiten Becken, mit Speichergebäuden und Gleisanlagen. Die ausgeführten Kanalabschnitte, Hafen- und Brückenbauten erwiesen sich nach Ende des Zweiten Weltkriegs für die inzwischen weiterentwickelte Binnenschifffahrt als veraltet. Und so träumt Leipzig noch heute von einem echten Hafen und dem Anschluss an die Weltmeere.

Von 1993 bis 1996 konnte der Karl-Heine-Kanal umfassend saniert werden. Neben der Instandsetzung der wassertechnischen Anlagen, malerischen Brücken und grünen Uferzonen entstand ein neues autofreies Wegesystem mit Fuß- und Radwegen, Spielplätzen und Ruhebereichen. Das Areal zwischen der Lützner Straße und Elster ist ein beliebter Freizeitstandort für Jung und Alt geworden. Am Geschehen auf dem Wasser wird die neue Lebensqualität besonders deutlich. Der kleine alte **Ausflugskahn »Weltfrieden«** verkehrt in regelmäßigen Abständen. Für **Bootstouren** auf Leipzigs Flüssen und Kanälen bieten mehrere Stationen Kanus, Ruder- und Paddelboote zur Nutzung an.

Auf der Elster in Höhe Nonnenstraße wird die Stadt ihrem früheren Ruf als Klein-Venedig gerecht. Am **Ristorante da Vito** ➡ G4 stechen original venezianische Gondeln mit echten Gondolieri in die Elster und den Karl-Heine-Kanal. Vor Beginn einer individuellen Bootstour ist angeraten, sich über Richtung, Länge und eventuelle Hindernisse der Fahrt zu informieren. Ein Muss für jeden Touristen ist die Strecke von der Weißen Elster zum **Elsterflutbett** und der Abstecher in den schmalen Karl-Heine-Kanal mit seinen 14 Brücken. Mit Blick vom Wasser erscheinen die Plagwitzer Wollgarnwerke besonders gewaltig.

Die **Könneritzbrücke** ➡ G5 aus dem Jahr 1899, die an den Kreishauptmann von Leipzig und späteren sächsischen Finanzminister, Freiherrn von Könneritz, erinnert, hat sich zu einem Wahrzeichen von Plagwitz entwickelt. An vorzüglichem Platz, neben der Brücke in Richtung Schleußig, steht die wunderschöne Villa, in der Karl Heine bis zu seinem Tod lebte. In Nähe der folgenden **Plagwitzer Brücke** ➡ F/G5 befinden sich die Atelier-Villa von Leipzigs berühmtestem Maler und Bildhauer Max Klinger (1857–1920) und der **Klingerhain**. Am 1917 fertiggestellten Palmengartenwehr mündet die Weiße Elster in das künstlich angelegte Flutbett. Flussaufwärts führt die Tour entlang dem **Clara-Zetkin-Park** ➡ F/G6 und dem Stadtwald **Die Nonne** ➡ G–J 5/6 in Richtung Zusammenfluss von Pleiße und Elsterflutbett, dem **Leipziger Eck**. Die Dimensionen des Leipziger Auwaldes werden sichtbar.

Wer beim Rudern oder Paddeln eine Rast einlegen möchte, findet im Uferbereich Biergärten, Cafeterien und Restaurants. Am Ende des Karl-Heine-Kanals, kurz vor der **Luisenbrücke** ➡ F4 an der Lützner Straße, ist aus einem alten Mörtelwerk ein reizvolles Kleinod entstanden, das für alle offene Jugendzentrum **Kanal 28** mit Caféterrasse und Kneipe.

Die idyllische Wegstrecke der geführten Kanutouren vom **Klingerweg** (vgl. S. 79) bis an die acht Kilometer entfernt im Leipziger Südraum gelegenen **Cospudener See** ➡ aD/aE3 führt zunächst vom Elsterflutbett zur Pleiße. Durch die Inbetriebnahme von Schleusen entfällt das Umsetzen der Boote an den Wehren. Das Staken im idyllischen Floßgraben quer durch den Auwald ist etwas mühevoll, vermittelt aber ein Gefühl von Abenteuerurlaub und führt letztlich zum attraktiven Bade- und Segelparadies Cospuden.

Altes neues Plagwitz

Karl Heine hatte mit seinen Aktivitäten und Visionen wesentlichen Einfluss auf die schnelle Entwicklung des Dorfes **Plagwitz** ➡ G/H1–4.

Wahrzeichen von Plagwitz: die Könneritzbrücke

1858 zählte man dort nur 457 Einwohner, im Jahr der Eingemeindung 1890 schon über 13000. Im Umfeld des Kanals entwickelten sich Großindustrie, Handwerk und Gewerbe in rasantem Tempo. Die Landmaschinenfabrik von Rudolph Sack, das Druckereimaschinenwerk der Gebrüder Brehmer (Erfinder des Drahtheftens), die Gießerei von Meier und

Lofts in den ehemaligen Wollgarnwerken an der Weißen Elster

Weichelt und das erste deutsche Versandhaus von Carl Ernst Mey (Erfinder des Stehkragens und des Versandhauskatalogs) stehen stellvertretend für viele innovative Industriebetriebe.

Nach dem Deutsch-Französischen Krieg 1870/71 erlebte Leipzig einen enormen wirtschaftlichen Aufschwung. So wurde 1873 der erste europäische Industriebahnhof Plagwitz-Lindenau eröffnet und ein umfassendes Industriegleisnetz zu den Betrieben im Umfeld geschaffen. 1888 verfügte Plagwitz über 105 Fabriken und zählte zu den bedeutendsten Industriestandorten des Deutschen Reiches. Heute bietet der während der DDR-Epoche vergessene Stadtteil noch immer zahlreiche Zeugnisse aus dieser Gründerzeit der Leipziger Industrie.

Die **Maschinenfabrik Unruh und Liebig**, 1880 in der heutigen Naumburger Straße in nur sechs Monaten gebaut, war und ist ein Muster moderner betrieblicher Logistik – von der Rohmaterialanlieferung per Bahn über die Fertigung in nebeneinanderliegenden Hallen bis zum Auslieferungslager mit Gleisanschluss. Das Kopfgebäude der Firma aus dem Jahre 1896 mit seiner schmuckvollen Klinkerfassade und dem großen Dachbogen beherbergt heute einen Gewerbehof.

Die Blütezeit der Industrie während dieser Zeit ist auch am prachtvollen Fabrikensemble der **Sächsischen Wollgarnwerke** ➡ G4 (vormals Tittel & Krüger) ablesbar. Die schlossähnlichen Repräsentativbauten mit einer 300 Meter langen Fabrikfassade in der Nonnenstraße weisen historistische Stilelemente auf. Der Kuppelbau des Neobarock, die klassizistische Fassadengestaltung und die eklektizistischen Ausschmückungen waren bis dahin für einen Industriebau ungewöhnlich. Die Fabrikanten demonstrierten mit ihren Industrieschlössern bewusst Reichtum und Machtanspruch. Auch die Jahre später fertiggestellten Gebäudeteile der Wollgarnwerke knüpfen bis hin zur Gestaltung der baulichen Details an das Erscheinungsbild des Stammhauses an – ein erstes Beispiel für Corporate Identity.

Auch vom Anfang des 20. Jahrhunderts sind in Plagwitz aufsehenerregende Bauten erhalten. Die **Konsumzentrale** ➡ G2/3 des Architekten Fritz Höger, errichtet von 1929 bis 1933, ist das herausragendste Beispiel. Zu Recht nahm der Gebäudekomplex von Lager- und Versandhäusern in der Industriestraße beim Expo2000-Projekt »Plagwitz auf dem Weg zum 21. Jahrhundert« eine zentrale Position ein. Fritz Högers

Backsteinarchitektur schafft es, zugleich sachlich-funktional zu sein und repräsentativ zu wirken. Noch heute gilt der Komplex als Vorbild für den ästhetischen und wirtschaftlichen Industriebau. Durch die starke Betonung der Horizontalen und die markant gegliederte Glasfassade bietet sich der Vergleich mit einem langen Schiffskörper an. Führungen durch Plagwitz vgl. Sightseeing S. 89.

Durch den Auwald bis Neuseenland

Leipzig glänzt mit dem größten städtischen **Auwald** ➜ aD3 Europas und einem der artenreichsten Deutschlands. 30 Meter hohe Laub- und wilde Obstbäume kennzeichnen die Baumschicht. Hier sind über 700 Arten von Farn- und Blütenpflanzen beheimatet. Im Frühling breitet sich im Auwald ein dichter Teppich von Märzenbechern und Windröschen aus. Im späten Frühjahr findet man den seltenen Aronstab mit seinem auffälligen Blütenstand. Die absolute Attraktion sind die dichten Bärlauchfelder, die den gesamten Auwald mit intensivem Lauchgeruch erfüllen. Auch die reiche Artenvielfalt von Brutvögeln, Kriechtieren und Insekten lockt Naturfans in dieses große Naturschutzgebiet.

Die stadtnahe südliche Umgebung von Leipzig weist riesige Vorkommen an Braunkohle auf. Vor über 300 Jahren begann der Abbau der ertragreichen Flöze. Mit dem industriellen Aufschwung zu Ende des 19. Jahrhunderts, dem gewaltigen Brennstoffbedarf der Stahlwerke und dem hohen Entwicklungsstand des Eisenbahntransports erreichte die Braunkohlegewinnung gewaltige Dimensionen. In den 1920er-Jahren arbeiteten rund 10 000 Bergleute vor den Toren Leipzigs. In den Vorkriegsjahren folgte der Ausbau der Kohlechemie zur Bereitstellung kriegswichtiger Kraftstoffe, Öle und Fette. Und so nahm das Übel für Mensch und Natur seinen Lauf. Zu DDR-Zeiten sparte man bei den Rohstoffimporten, kostete es, was es wolle. Die immer größer werdenden Tagebaue mit ihren Förderbrücken rückten näher an Leipzig heran, und die Kohle wurde mit veralteten Anlagen und unvorstellbaren Schadstoffemissionen verarbeitet, selbst wenn am Ende fast nur Sandbriketts gebacken wurden.

Bis zur Wende waren es 250 Quadratkilometer, die teilweise bis zu einer Tiefe von 100 Metern umgewühlt wurden und für lange Zeit Mondlandschaften hinterließen. Dabei verschwanden ganze Ortschaften, einzigartiger Auwald, landwirtschaftliche Nutzfläche und die zum Leben notwendige saubere Luft. In welchem Umfang die Bevölkerung und die Arbeiter gesundheitliche Schäden erlitten haben, wird nicht

Leipziger Auwald zur Bärlauchblüte

vollständig aufgeklärt werden können. Die Schäden an Natur, Pflanzenwelt und Tierbestand sind hingegen klar ersichtlich, ebenso der Verlust historischer Bausubstanz und kultureller Werte.

Trotz dieser Vergangenheit gibt es allen Grund zum Optimismus: Der Südraum vor Leipzig ist dabei, sich in eine riesige Seenlandschaft zu verwandeln, genannt ❻ **Neuseenland** ➨ aD–aF 1–5. Aus den Restlöchern des ehemaligen Bergbaus entstehen im Gebiet zwischen Markkleeberg, Zwenkau, Borna und Lucka 17 Seen mit enormer Wasserfläche. Vergleiche mit der Mecklenburger Seenplatte kommen auf. Während der Cospudener See (436 ha Wasserfläche) bereits seit dem Jahr 2000 als Vorzeigesee gilt,

Marina am Cospudener See

hat sich der **Markkleeberger See** ➨ aD/aE4 (250 ha) nun zum Wassersportparadies entwickelt. Die meisten anderen Seen, so der Störmthaler mit 733 Hektar und der große Zwenkauer mit etwa 1000 Hektar, werden zur Zeit geflutet und schon bald das Erholungsgebiet Neuseenland vervollständigen (www.neuseenland.de).

Der **Cospudener See** ➨ aD/aE3 mit seinen Parklandschaften, FKK-Sandstränden, Segelhäfen, Tauchsportstationen, Saunen und Restaurants lässt erahnen, wie schön Neuseenland, die Sächsische Seenplatte, einmal sein wird. Alle Seen werden für den Bootsverkehr miteinander verbunden, Sportzentren und Yachthäfen entstehen, Kanu- und Raftingstrecken sind geplant.

Nicht vergessen darf man, dass Leipzig noch weitere klare Baggerseen zu bieten hat. Der 170 Hektar große **Kulkwitzer See** ➨ aC/aD2 (mit 800 Meter langer Wasserskianlage) im Westen der Stadt ist ein Eldorado für Tauchsportler und FKK-Anhänger. Im Osten sind die **Ammelshainer Seen** ➨ aD6 bei Naunhof seit vielen Jahren sehr beliebt, und im Norden entstanden neue Bademöglichkeiten in der **Schladitzer Bucht** ➨ aA3.

Aber das Wasser ist nicht nur zum Baden da. Die Leipziger Seen, Flüsse und Teiche werden zum Schauplatz von Wettkämpfen und Spektakeln. Jedes Jahr an einem Sommerwochenende ist das »Leipziger Wasserfest« für nassen Spaß und feuchte Partys bekannt, und wer das »**Internationale Badewannenrennen**« vor dem Völkerschlachtdenkmal ➨ aD4 einmal erlebt hat, der kommt wieder.

Infos Cospudener See

℡ (0341) 356 510
www.leipzigseen.de
Anfahrt: mit dem Auto südlich stadtauswärts auf der Karl-Liebknecht-Straße Richtung Markkleeberg-West, der Parkplatz ist ausgeschildert; mit der Straßenbahn 9 (Markkleeberg, Parkstraße), dann Bus 65 (Cospuden, Nordstrand); mit dem Fahrrad durch den Auwald entlang der Elster
Der See befindet sich ca. 6 km südlich vom Leipziger Stadtzentrum. An Wassersport interessierte Besucher finden detaillierte Infos unter www.wasserinleipzig.de. ■

Museen und Galerien, Architektur und andere Sehenswürdigkeiten

Museen und Galerien

Ägyptisches Museum Georg Steindorff ➡ bB2/bC3
Goethestr. 2
Straßenbahn Augustusplatz
✆ (03 41) 973 70 15
www.gko.uni-leipzig.de/aegyptisches-museum
Di–Fr 13–17, Sa/So/Fei 10–17 Uhr
jeden 2. Sa und 4. So im Monat öffentliche Führungen
Eintritt € 5/3
Die aus über 6000 Stücken bestehende Sammlung gehört zu den bedeutendsten in Europa. In einer Dauerausstellung wird eine Auswahl von Originalen gezeigt, u. a. Tongefäße aus dem 5. und 4. Jahrtausend v. Chr., Statuen aus dem 27.–22. Jh. v. Chr. und Holzsärge aus dem 8.–4. Jh. v. Chr.

Antikenmuseum der Universität Leipzig ➡ bB3

Alte Nikolaischule, Nikolaikirchhof 2
Bus 89 (Reichsstraße)
✆ (03 41) 973 07 00
www.uni-leipzig.de/antik
Di–Do, Sa/So 12–17 Uhr
Eintritt € 2/1,50
Die Lehr- und Schausammlung plastischer Bildwerke zählt zu den ältesten und bedeutendsten ihrer Art in Deutschland. Ausgestellt werden zum Beispiel Funde der vorgriechischen Kulturen, Kleinbronzen aus Etrurien und Italien und antike Marmorskulpturen. Im **Restaurant & Café »Alte Nikolaikirche«** kann man täglich ab 10 Uhr den kleinen Hunger stillen.

❺ Bachmuseum ➡ bC2
Bosehaus, Thomaskirchhof 15/16
Straßenbahn 9, Bus 89 (Thomaskirche)
✆ (03 41) 913 72 02
www.bach-leipzig.de

Spaziergang durch Bachs Leben und Werk: im Bachmuseum

Dr. Daniel Gottlob Moritz Schreber

Weil die Kleingärten »Schrebergärten« genannt werden, wird allgemein vermutet, dass Dr. Schreber auch der Erfinder der Schrebergartenbewegung war. Der Naturheilkundler Schreber, 1808 in Leipzig geboren, war als Orthopäde tätig und gilt als Mitbegründer des ersten Leipziger Turnvereins. Zur körperlichen Ertüchtigung der Stadtjugend propagierte er seine »systematische Heilgymnastik« (auch in Hinsicht einer »gesunden Triebabfuhr«) und setzte sich im Zeitalter der

Beliebtes »Accessoire« vieler Schrebergärten: der Gartenzwerg

ersten Mietskasernen für Grünflächen als Kinderspielplätze ein. Aus diesen Grünflächen entwickelten sich in kurzer Zeit kleine Familienbeete und schließlich Gartenparzellen, die beispielgebend für Kleingärten in ganz Deutschland wurden.

1864, erst drei Jahre nach Schrebers Tod, richtete Innocenz Hauschild den ersten »pädagogisch-strengen« Kinderspielplatz ein, wurde der Begriff »Schrebergarten« geprägt und der Schreberverein gegründet. Die noch heute bestehende erste Gartenanlage und das Vereinshaus in der Westvorstadt stehen unter Denkmalschutz und beherbergen das Deutsche Kleingärtnermuseum.

Di–So 10–18 Uhr, Eintritt € 6/4
Im Haus des Leipziger Kaufmanns Georg Bose war Johann Sebastian Bach häufig zu Gast. Heute bietet es einen anschaulichen Spaziergang durch Bachs Werk und privates Leben. Im Festsaal finden regelmäßig kleine Konzerte statt. Hier arbeitet auch das Büro des Internationalen Johann-Sebastian-Bach-Wettbewerbs.

Auf 750 m² Fläche werden das Leben und Wirken Johann Sebastian Bachs und seiner Familie in einer interaktiven und multimedialen Ausstellung präsentiert. Ein Höhepunkt des Rundgangs ist die **Schatzkammer**, in der originale Bach-Handschriften und andere Kostbarkeiten präsentiert werden. Zu den besonderen Ausstellungsstücken zählen außerdem der Spieltisch der Leipziger Johanniskirchenorgel, die Bach 1743 selbst geprüft hatte, ein Kästchen mit Relikten aus dem Bach-Grab oder eine neu entdeckte Geldkassette aus dem Besitz der Bach-Familie.

Ein kleiner **Lustgarten**, ein Hörkabinett und das neue **Café Gloria**

bieten Gelegenheit zum Entspannen und Verweilen. Anlässlich Bachs 325. Geburtstag wurde das Bachmuseum mit einem Festakt wiedereröffnet.

Deutsches Buch- und Schriftmuseum
Vgl. Deutsche Bücherei S. 41.

Deutsches Kleingärtnermuseum
➡ E6
Aachener Str. 7
Leipzig-Westvorstadt
Straßenbahn 3, 7, 15 (Waldplatz), 1 (Marschnerstraße)
✆ (0341) 211 11 94
www.kleingarten-museum.de
Di–Do 10–16 Uhr, Eintritt € 2/0,50
Das Museum befindet sich an historischer Stätte im Haus des Schrebervereins von 1864, des heutigen Kleingärtnervereins Dr. Schreber, und wurde 1996 als gesamtdeutsches Projekt »Kleingärten und Kleingärtner im 19. und 20. Jh.« gegründet. Es zeigt die Entstehungsgeschichte der Gartenanlagen, der Schreber- und Naturheilkundebewegung. Im Erdgeschoss des Fachwerk-

hauses befindet sich die **Kneipe »Schrebers«** mit gemütlichem Biergarten.

Galerie für Zeitgenössische Kunst ➡ F7

Karl-Tauchnitz-Str. 9–11
Straßenbahn 8/9 (Neues Rathaus)
✆ (0341) 1408 10
www.gfzk.de
Galerie: Di–Fr 14–19, Sa/So 12–18 Uhr, Eintritt € 5/3 (Sammlung oder Sonderausstellung), € 8/4 (Sammlung und Sonderausstellung), Führungen Sa/So 13 und 15 Uhr, Bibliothek: Di/Mi, Fr 11–17, Do 14–19 Uhr

In der umgebauten Herfurthschen Villa finden Wechselausstellungen zur Gegenwartskunst statt, von der klassischen Malerei über die experimentelle Fotografie bis zur Videoinstallation. Hier ist der Standort der Sammlung des Kulturkreises der Deutschen Wirtschaft im BDI. Auf dem Nachbargrundstück Karl-Tauchnitz-Str. 9 befindet sich die neue Ausstellungshalle.

❼ Museen im GRASSI ➡ bC5

Johannisplatz 5–11
Straßenbahn 4, 7, 12, 15 (Johannisplatz)

www.grassimuseum.de

Die Gründung des Museums erfolgte 1874. Die Gebäude des GRASSI, zwischen 1925 und 1929 im Art-déco-Stil erbaut, wurden im Zweiten Weltkrieg stark beschädigt und in der Nachkriegszeit sträflich vernachlässigt. Nach der Rekonstruktion (2007) zeigen sowohl Gebäude- als auch Ausstellungsgestaltung herausragende ästhetische Ergebnisse. Der Komplex beheimatet wieder drei Museen in einem Domizil:

– GRASSI Museum für Angewandte Kunst ➡ bC5

✆ (0341) 2229100
Di–So, Fei 10–18 Uhr
Eintritt € 5/3,50

Seit Dezember 2007 ist die ständige Ausstellung »Antike bis Historismus« im glanzvoll sanierten GRASSI wieder zu sehen. An der Präsentation der kompletten Sammlungen bis zur Gegenwart wird noch gearbeitet. Mit seinen Exponaten zu europäischer und sächsischer Goldschmiedekunst, zur Textilgestaltung sowie zu Keramik und Design gehört das Leipziger Haus zu den bedeutendsten deutschen Museen für Kunsthandwerk und muss den

Das renovierte Grassimuseum nahe dem Stadtzentrum

Arbeitszimmer von Felix Mendelssohn Bartholdy in der Goldschmidtstraße

Vergleich mit den großen Kunstgewerbemuseen in Wien oder Berlin nicht scheuen.

– GRASSI Museum für Musikinstrumente ➜ bC5
℡ (0341) 9730750
Di–So 10–18 Uhr
Eintritt € 5/3
Das seit 1929 bestehende Museum zeigt eine Dauerausstellung zur Entwicklung des europäischen Instrumentariums von der Renaissance bis zur Gegenwart – eine umfangreiche Sammlung außergewöhnlicher Kostbarkeiten, darunter vor allem einer der weltweit größten Hammerflügel, gebaut von Bartolomeo Cristofori, dem Erfinder der Hammermechanik.

– GRASSI Museum für Völkerkunde ➜ bC5
℡ (0341) 9731900
Di–So 10–18 Uhr
Eintritt € 6/3, jeder 1. Mi im Monat frei
Das Museum zeigt die nach Kontinenten gegliederte Dauerausstellung »Völker, Sammler, Forscher« und völkerkundliche Sonderausstellungen.

Kamera- und Fotomuseum ➜ aC4/5
Gottschalkstr. 9, Leipzig-Mölkau
Bus 72, 73 ab Hauptbahnhof
℡ (0341) 6515711
www.fotomuseum.eu
Mi, Sa/So 13–17 Uhr, Eintritt € 3/2
Das 1994 in einem romantischen Fachwerkhaus eröffnete Museum beherbergt eine umfangreiche Kamerasammlung, darunter eine Großformat-Reprokamera von 1890. Die Geschichte der Fotografie wird anschaulich präsentiert. Außerdem finden anspruchsvolle Wechselausstellungen statt.

Kunsthalle der Sparkassen ➜ bC1
Otto-Schill-Str. 4 a
Straßenbahn 1,2, 14 (Westplatz)
℡ (0341) 9869898
www.kunsthalle-sparkasse.de
Di, Do–So 10–18, Mi 12–20 Uhr
Eintritt € 5/2,50, für Sparkassenkunden freier Eintritt (Ausweis!)
Umfangreiche Sammlung bilden der Kunst der Leipziger Schule, der DDR und der Nachkriegszeit.

Mendelssohn-Haus ➜ bD4
Goldschmidtstr. 12
Straßenbahn 16 (Augustusplatz)

Der Komponist Felix Mendelssohn Bartholdy

✆ (0341) 127 02 94
www.mendelssohn-stiftung.de
Museum tägl. 10–18 Uhr
Eintritt € 4,50
Konzerte So 11 Uhr, Eintritt € 12/8
Im spätklassizistischen Gebäude von 1844 lebte Felix Mendelssohn Bartholdy mit seiner Familie bis zu seinem Tod 1847. Die Wohnung des Komponisten und Gewandhauskapellmeisters wird als authentischer Ort erlebbar mit originalem Mobiliar, Briefen und

Im Museum der bildenden Künste: Otto Muellers »Liebespaar« (1919) und …

Noten. Das Haus ist von einem historischen Garten umgeben.

 Museum der bildenden Künste Leipzig ➡ bA/bB2
Katharinenstr. 10
Bus 89 (Reichsstraße)
✆ (0341) 21 69 90
Gruppenführungen ✆ (0341) 21 69 99 14, www.mdbk.de
Di, Do–So 10–18, Mi 12–20 Uhr
Eintritt Sammlung € 5/3,50, Wechselausstellung € 6–8/4–5,50, Kombiticket € 8–11/5,50–7, jeden 2. Mi im Monat frei
Der Museumsneubau, wurde im Dezember 2004 eröffnet, genau 61 Jahre nach der Zerstörung des ersten Bildermuseums durch Fliegerbomben. Er beherbergt eine der traditionsreichsten und bedeutendsten Sammlungen Deutschlands. Schwerpunkte der seit 1837 zusammengetragenen Werke sind die altdeutsche, niederländische und italienische Malerei des 17. Jh., die deutsche Kunst des 19./20. Jh. und die wertvolle grafische Sammlung.

Natürlich finden die Leipziger Maler Max Klinger, Max Beckmann, Carl Gustav Carus und die Legenden der »**Leipziger Schule**« Werner Tübke, Wolfgang Mattheuer und Bernhard Heisig besondere Beachtung.

Der Museumskubus ist 78 m lang, 41 m breit und 36 m hoch. Die Gesamtfläche des Gebäudes beträgt 16 700 m^2, die Ausstellungsfläche 7000 m^2. Zum Fundus gehören etwa 3500 Gemälde, 1000 Skulpturen und 60 000 Grafiken. Mit diesem Haus hat sich Leipzig wieder in die erste Reihe der deutschen Kunstmuseen zurückbefördert.

Museum für Druckkunst ➡ G4
Nonnenstr. 38, Leipzig-Plagwitz
Straßenbahn 14 (Nonnenstraße)
✆ (0341) 23 16 20
www.druckkunst-museum.de

… Lucas Cranachs d. Ä. »Nymphe am Brunnen« (1518)

Mo–Fr 10–17, So 11–17 Uhr
Eintritt € 4/1,50
Zu sehen ist die einzigartige Sammlung von Bleischriften, Holzbuchstaben für den Handsatz, Schriftmatrizen, Setz- und Gießmaschinen, Hand- und Tiegeldruckpressen und Zylinderdruckmaschinen. Alle Maschinen werden in Funktion gezeigt und stehen freischaffenden Künstlern zur Verfügung.

Das Museum veranstaltet Vorträge, Symposien und wechselnde Ausstellungen. Ein **Museumsshop** verkauft Drucksachen, die auf den historischen Maschinen produziert wurden.

Museum in der Runden Ecke
➡ bB1
Dittrichring 24
Straßenbahn 9 (Thomaskirche),
1/14 (Gottschedstraße)
℡ (0341) 961 24 43
www.runde-ecke-leipzig.de
Tägl. 10–18 Uhr, Eintritt frei
Führung tägl. 15 Uhr € 3, Stadtrundgang »Auf den Spuren der friedlichen Revolution« jeweils Sa 14 Uhr ab Hauptportal Nikolaikirche

In der früheren Bezirksverwaltung für Staatssicherheit wird in den original erhaltenen Räumen die Dauerausstellung »STASI –

Macht und Banalität« gezeigt. Das Museum beherbergt eine Sammlung von etwa 30 000 Objekten. Zu sehen sind der originalgetreue Nachbau einer Zelle in der Untersuchungshaftanstalt des Ministeriums für Staatssicherheit, Geräte zur Postkontrolle und eine Maskierungswerkstatt. Das Gebäude hatten Leipziger Bürger am 04. Dezember 1989 besetzt.

Museum Zum Arabischen Coffe Baum ➡ bB2
Kleine Fleischergasse 4

Das ehemalige Stammlokal von Robert Schumann: »Zum Coffe Baum«

Porträt Friedrich Schillers (1808/09) von Gerhard von Kügelgen

✆ (0341) 96 10 00 60
www.coffe-baum.de
Tägl. 11–19 Uhr, Eintritt frei
In einer Dauerausstellung werden 300 Jahre sächsische Kaffeekulturgeschichte im 3. Stock des Kaffeehauses »Zum Arabischen Coffe Baum« dargestellt. 500 Exponate, u.a. Kaffeemühlen, Porzellan und Röstgeräte in 16 Räumen illustrieren das Thema Kaffeesachsen und ihr Lieblingsgetränk. Am modernen Gerät wird das Kaffeerösten vorgeführt.

Das **Café** erhielt seinen heutigen Namen 1720 aufgrund der eingesetzten Portalplastik und ist eines der ältesten Cafés Europas. Zu den Stammgästen zählten Johann Christoph Gottsched und Robert Schumann. Heute laden

Plakette am Schillerhaus

ein Arabisches, ein Wiener und ein Café Français ein. In den Restaurants wird sächsische Küche geboten.

Naturkundemuseum ➡ bA1
Lortzingstr. 3
Straßenbahn 4, 7, 12, 15 (Goerdelerring)
✆ (0341) 98 22 10, www.leipzig.de/naturkundemuseum
Di–Do 9–18, Fr 9–13, Sa/So 10–16 Uhr, Eintritt € 1/0,50
Das 1912 gegründete Museum beherbergt die größte mitteldeutsche Sammlung kristalliner Geschiebe und Geschiebefossilien. Sammlungsschwerpunkte sind Flora und Fauna Nordwestsachsens, Präparate ausgestorbener Tierarten und altsteinzeitliche Funde. Dauerausstellungen widmen sich der »Ur- und Frühgeschichte im Leipziger Raum« und den »Heimische Landschaften mit ihrer Flora und Fauna«.

Oldtimermuseum Da Capo
➡ G2
Karl-Heine-Str. 105
Leipzig-Plagwitz
Straßenbahn 14 (Gießerstraße)
Bus 60 (Bahnhof Plagwitz)
✆ (0341) 92 60 1 37
www.michaelis-leipzig.de
Mi–Sa 11–18, So 10–18 Uhr
Eintritt € 3/2
Im alten Plagwitzer Industrieviertel ist eine der größten Sammlungen US-amerikanischer Oldtimer in Europa zu sehen. Zu den Exponaten gehören ein Straßenkreuzer von Alfred Hitchcock, ein Sportwagen von Marlene Dietrich und nostalgische Utensilien aus den Bereichen Luftfahrt, Film und Mode. Der Besuch lässt sich gut mit einem Spaziergang am Karl-Heine-Kanal verbinden. Das hauseigene **Bistro** erwartet den hungrigen Besucher.

Schillerhaus ➡ A7
Menckestr. 42, Leipzig-Gohlis

Straßenbahn 4 (Menckestraße),
12 (Fritz-Seger-Straße)
℡ (0341) 566 21 70
www.stadtgeschichtliches-muse
um-leipzig.de
April–Okt. Di–So 10–17, Nov.–
März Mi–So 11–16 Uhr, Führungen telefonisch erfragen
Eintritt € 3/2
Deutschlands älteste Literaturge-
denkstätte erinnert in einer Dauerausstellung an Friedrich Schillers Aufenthalt 1785 in Leipzig.
Hier schrieb der Dichter die »Ode
an die Freude«. Etwa 100 Exponate zu den literarischen Werken,
den Leipziger Theateraufführun-
gen und zu Schillers Freundeskreis
werden gezeigt. Beliebt sind die
Lesungen zur Buchmesse, Sommertheater und Konzerte im
Garten des Schillerhauses.

Schumann-Haus ➡ D/E11
Inselstr. 18
Straßenbahn 4, 7, 12 (Johannisplatz), ℡ (0341) 39 39 62 0
www.schumann-verein.de
Mi–Fr 14–17, Sa/So 10–17 Uhr
Eintritt € 3/2
Im diesem wertvollen spätklassizistischen Gebäude von 1838
verlebten Clara und Robert Schumann die ersten Ehejahre von
1840 bis 1844. Hier empfingen
sie Gäste wie Liszt, Mendelssohn,
Berlioz und Wagner, und hier
komponierte Robert Schumann
seine »Frühlingssinfonie«. Das
Leben und Werk der Schumanns
sowie die Kultur und Lebensart
der 1840er-Jahre werden eindrucksvoll dargestellt.

Stadtgeschichtliches Museum
➡ bB3
Böttchergässchen 3, Bus 89
(Reichsstraße)
℡ (0341) 96 51 30
www.stadtgeschichtliches-muse
um-leipzig.de
www.lotter-gesellschaft.de
Di–So 10–18 (Bibliothek Di–Do
14–18) Uhr, Eintritt € 3/2

*Der Komponist und Pianist Robert
Schumann*

Der Museumsneubau zeigt ausgewählte Ausstellungen zur Stadtge-
schichte, -entwicklung und -pers-
pektive und ergänzt diese mit
attraktiven Begleitprogrammen.
Zum Stadtgeschichtlichen Museum gehören das Alte Rathaus,
der Neubau am Bildermuseum,
das Völkerschlachtdenkmal/Forum
1813, das Schillerhaus, der Coffe
Baum und das Sportmuseum.

Tübke-Stiftung ➡ B8
Springerstr. 5, 1. Etage
℡ (0341) 585 22 18
www.tuebke-stiftung-leipzig.de
Sa 10–14 Uhr
In der ersten Etage des ehemaligen Wohnhauses Werner Tübkes

*Tübke-Stiftung: Werner Tübkes
»Familienbild in sizilianischen
Marionettenrüstungen« (1977)*

(1929–2004) wird ein umfassender und einmaliger Einblick in das Leben und Werk des Leipziger Malers gegeben.

Zeitgeschichtliches Forum
➡ bB2/3
Grimmaische Str. 6, Bus 89 (Markt)
✆ (0341) 22200, www.hdg.de/zfl
Di–Fr 9–18, Sa/So 10–18 Uhr
Eintritt frei
Das 1999 eröffnete besucherfreundliche Museum erinnert an Opposition, Widerstand und Zivilcourage in der DDR vor dem Hintergrund der deutschen Teilung. Die Dauerausstellung führt den Besucher vom Ende des Zweiten Weltkriegs über den Mauerfall bis in die Gegenwart. Das Forum bietet attraktive Sonderausstellungen (beispielsweise zur Rolle der Geheimdienste, der Medien und der Werbung), interessante Lesungen und Streitgespräche.

Kirchen und Friedhöfe

Alter Johannisfriedhof
➡ E/F 10/11
Täubchenweg (hinter dem Grassimuseum)
Straßenbahn 4, 7, 12, 15 (Johannisplatz)

Die über 700 Jahre alte Begräbnisstätte war bis 1883 alleiniger Friedhof der Stadt. Im Zweiten Weltkrieg wurde sie fast völlig zerstört. Berühmte Leipziger wie Dr. Daniel Schreber, Adam Friedrich Oeser, Karl Tauchnitz und Käthchen Schönkopf (Goethes Jugendliebe) sind hier begraben.

Unter www.leipzigdetails.de werden Touren angeboten wie »Vom Leprahospital zur Begräbnisstätte für berühmte Leipziger« oder »Vom Thomaskirchhof zum Alten Johannisfriedhof – Begräbniskultur im Wandel«.

❷ Nikolaikirche ➡ bB3
Nikolaikirchhof 3
Bus 89 (Reichsstraße)
✆ (0341) 9605270
www.nikolaikirche-leipzig.de
Tägl. 10–18 Uhr, Führung Di, Do, Fr 17, Sa 11 Uhr, Friedensgebet Mo 17 Uhr
Die Gründung der Nikolaikirche erfolgte mit der Verleihung des Stadtrechts am Ende des 12. Jh. Zur Einführung der Reformation 1539 wurde St. Nikolai zur Hauptkirche der Stadt. Im 15. und 16. Jahrhundert erfolgten Umbau und Erweiterung der romanischen Kirche zur dreischiffigen spätgotischen Hallenkirche. Ein weiterer markanter

Blick in das Gewölbe der Nikolaikirche

Einschnitt war die klassizistische Umgestaltung des Innenraums zwischen 1784 und 1797 nach dem Ideal der »Urhütte«.

»Nikolaikirche – offen für alle« ließ ab 1980 eine gewaltlose Revolution heranwachsen, die die Einheit Deutschlands auf friedlichem Weg ermöglichte. So ist diese Kirche nicht nur einer Gruppe, einer Konfession, einem Teil der Bevölkerung, sondern einem ganzen Land zum Segen geworden.

Zu den **Friedensgebeten** ertönt die aufwendig sanierte Ladegast-Orgel von 1862, die größte Orgel Sachsens mit über 6000 Pfeifen von 6 mm bis über 10 m Länge. An dieser Orgel spielten schon Franz Liszt und Max Reger.

Fotografischer Blickfang: die Russisch-orthodoxe Kirche St. Alexij

Peterskirche ➡ G9
Schletterstr. 5
Leipzig–Südvorstadt
Straßenbahn 10, 11 (Hohe Straße), 16 (Bayrischer Platz)
✆ (0341) 213 16 12
www.peterskirche-leipzig.de
Mo–Do 10–16, Fr 10–15 Uhr, Gottesdienst So 9.30 Uhr
Im Zuge der rasanten Wohnungsbebauung der Südvorstadt in der zweiten Hälfte des 19. Jh. entschied sich die Stadt für einen großen Kirchenneubau am Schletterplatz. 1882 wurde der Grundstein für die monumentale neogotische Kirche gelegt. 1885 konnte bereits die Weihe der ersten evangelischen Kirche in Leipzig nach der Reformation erfolgen.

Mit einer Kirchenschifflänge von 75 m und einer Turmhöhe von 88 m ist die Peterskirche Leipzigs größter Kirchbau. Der Innenraum nahm 2500 Sitzplätze auf. Wohl kaum eine andere Leipziger Kirche ist so reich, fast verschwenderisch mit Bauschmuck und bildhauerischen Arbeiten versehen. Die schweren Luftangriffe von 1943/44 zerstörten das komplette Dach, die Taufkapelle und die Bleiverglasung. In den Folge-

jahren litt das teilweise offene Bauwerk unter den Witterungseinflüssen und Beschädigungen durch Vandalismus. Seit 1993 wird die Peterskirche Stück für Stück saniert. Abriss und Wiederaufbau des kompletten Hauptturms erfolgten 2007/08. Die Taufkapelle erstrahlt in alter Schönheit, und es finden bereits wieder Konzerte und Lesungen statt.

Neben den Gottesdiensten und der Kirchenarbeit öffnet sich die Peterskirche immer mehr zum Aufführungsort für Musik unterschiedlichsten Genres und ist aus dem kulturellen Leben der Stadt nicht mehr wegzudenken: mdr-Musiksommer, Bachfest, Heinrich-Schütz-Tage, Kammerkonzerte und Auftritte bedeutender Gospel-, Jazz- und Folk-Formationen.

Russisch-orthodoxe Kirche St. Alexij ➡ H11/12
Philipp-Rosenthal-Str. 51 a
Straßenbahn 10, 16 (Deutsche Bücherei), 15 (Prager/ Riebeckstraße)
✆ (0341) 878 14 53
www.russische-kirche-l.de
Tägl. 10–13 und 14–17 Uhr, Gottesdienst So 10 Uhr

1912/13 wurde die zweigeschossige Kirche mit dem Goldturm im Gedenken an die 22 000 bei der Völkerschlacht gefallenen Russen errichtet. Als Vorbild galt die Moskauer Christi-Himmelfahrtskirche von 1532. Der kleine, aber 40 m hohe Kircheninnenraum ist mit einer Ikonenwand von 18 m Höhe ausgeschmückt.

Südfriedhof → aD4
Friedhofsweg 3
Leipzig-Probstheida
Straßenbahn 15 (Südfriedhof)
☎ (0341) 86 29 201
Tägl. 8–18 Uhr
Der 1886 eröffnete Parkfriedhof ist mit 82 ha der zweitgrößte in Ostdeutschland. Vom Nordtor »An der Tabaksmühle« führt eine 28 m breite und 400 m lange Hauptallee zum 1909/10 errichteten Krematorium. Dort finden

sich Monumente berühmter Leipziger Künstler wie Max Klinger, Paul Möbius, Carl Seffner.

Auf dem Friedhof sind Persönlichkeiten wie Christian Fürchtegott Gellert, Carl Seffner, Clemens Thieme (Erbauer des Völkerschlachtdenkmals), Hugo Licht, Samuel Heinicke und Werner Tübke bestattet.

Thomaskirche → bC2
Thomaskirchhof 18
Straßenbahn 9, Bus 89 (Thomaskirche)
☎ (0341) 22 22 40
www.thomaskirche.org
Tägl. 9–18 Uhr, Gottesdienste: So 9.30/18 Uhr, Motetten/Orgelvespern: Fr 18 und Sa 15 Uhr
Turmaufstieg: April–Ende Nov. Sa 13, 14, 16.30, So 14 und 15 Uhr; Eintritt € 2, Kinder bis 12 Jahre frei

Thomanerchor

In der Klosterschule des Augustiner-Chorherrenstifts zu St. Thomas wurde geistlicher Nachwuchs herangebildet. Aus der gottesdienstlichen Kunstausübung am Thomasstift entstand der Thomanerchor. Der heute in aller Welt bekannte Knabenchor wurde im Jahre 1212 gegründet und ist damit die älteste kulturelle Einrichtung der Stadt. Noch im 18. Jh. zogen die Knaben bei jedem Wetter als Kurrendesänger durch die Stadt, mit Perücken, dunklen Umhängen und oft barfüßig.

Im 19. Jh. gewannen die Motettenaufführungen an öffentlichem Interesse. Noch heute finden sie regelmäßig statt und werden jeweils von mehr als 2000 Zuhörern besucht. Im Chor singen derzeit 91 Thomaner im Alter von 10 bis 18 Jahren, die in der Leipziger Hillerstraße in familiärer Lebens- und Lerngemeinschaft wohnen.

Der berühmteste Thomaskantor war Johann Sebastian Bach. Die Beschäftigung mit seinen Werken ist das Hauptanliegen des Chors. Weitere Kantoren waren Sethus Calvisius, Johann Adam Hiller, Karl

Straube und Günther Ramin, Erhard Mauersberger und Hans-Joachim Rotzsch. Georg Christoph Biller, 16. Thomaskantor nach Bach, setzt heute die großen Traditionen in hervorragender Weise fort.
Thomasalumnat, Hillerstr. 8
☎ (0341) 98 44 2-0
www.thomanerchor.de

Innenraum der Thomaskirche mit Sauer-Orgel von 1889

Die Thomaskirche, ein spätgotischer Hallenbau, wurde 1496 geweiht. Das Kircheninnere wurde mehrfach umgestaltet und präsentiert sich nun im neugotischen Stil. Im Chorraum befindet sich heute die Grabstätte von Johann Sebastian Bach, der von 1723 bis zu seinem Tod 1750 als Thomaskantor tätig war. Außerdem sind dort die Bilder sämtlicher Stadtsuperintendenten zu sehen.

Zum 250. Todestag von J. S. Bach wurden die umfassende Restaurierung der Kirche und der Bau der neuen Bach-Orgel abgeschlossen. Das über lange Zeit dunkelgraue Bauwerk zeigt sich heute wieder leuchtend weiß. In der Südsakristei sind Musikinstrumente aus der Bach-Zeit ausgestellt.

Der 68-m-**Turmaufstieg** über 234 Stufen ermöglicht den Blick in den Dachstuhl, auf die Glocken, in die Türmerwohnung und auf die Dächer der Stadt. Die Kirche ist noch immer Wirkungsstätte des berühmten **Thomanerchors** (vgl. Kasten S. 34).

Versöhnungskirche ➡ aB3
Viertelsweg, Ecke Franz-Mehring-Str., Leipzig-Gohlis
Straßenbahn 4 (Viertelsweg), 12 (Gottschallstraße)
℃ (0341) 9014195
www.versoehnungs-gemeinde.de
Gottesdienst So 10 Uhr

Die Versöhnungskirche von 1932 ist einer der wenigen bedeutenden Kirchenbauten der klassischen Moderne in Deutschland (Stahlbetonbauweise) im Sinne der Bauhausarchitektur mit bildkünstlerischer Ausstattung jener Zeit. Das in Nord-Süd-Richtung gebaute Hauptgebäude weist an der Südseite einen rechteckigen Vorbau auf. Dort ist ein gewaltiges Kreuzfenster mit zwei seitlichen Haupteingängen angeordnet. Der jederzeit zugängliche, 43 m hohe kantige Kirchturm ragt seitlich aus der Gebäudeflucht heraus. Flache Dächer und ein rechteckiger Kirchensaal unterstreichen den kubischen Charakter des interessanten Bauwerks. Der Turm, der Innenraum und die Furtwängler/Hammer-Orgel wurden 2003/04 umfassend rekonstruiert.

Die Paulinerkirche – für und wider

Nach Auffassung des SED-Regimes passte die ehrwürdige spätgotische Hallenkirche aus dem Jahre 1240 nicht auf den sozialistischen Karl-Marx-Platz und neben einen Universitätsneubau mit kommunistischer Profilierung. So wurde die intakte Universitätskirche St. Pauli kurzerhand für baulich nicht erhaltenswert eingestuft und am 30. Mai 1968 vor den Augen der Leipziger Bevölkerung gesprengt. Die Reste des im Krieg zerstörten Universitätsgebäudes entfernte man gleich mit. Erst nach der Wende erkannten Leipziger Bürger die Chance zum Wiederaufbau der Paulinerkirche, ermutigt auch durch das Vorbild der Dresdner Frauenkirche. Den Gedanken zum weitestgehend originalgetreuen Neubau verfolgte hauptsächlich der 1992 gegründete Paulinerverein. Die Gegner dieser Pläne, Architekten, Vertreter der Stadtverwaltung und der Universität, verwiesen auf den dringenden Um- und Neubau des Universitätskomplexes und das Funktionieren der Universität überhaupt. Auch die finanzielle Absicherung eines baldigen Wiederaufbaus wurde in Frage gestellt. Eine bunte Palette von Beiträgen mehrerer Wettbewerbe wurde in den 1990er-Jahren heftig diskutiert, der Augustusplatz mit und ohne Paulinerkirche, nur mit Kirchenfassade oder Kirchengiebel. Letztlich hat sich der Entwurf des niederländischen Architekturbüros Erick van Egeraat durchgesetzt. Die neue Aula nimmt in ihren Konturen Bezug auf die Paulinerkirche. Dieser Kompromiss hat eine endlose Debatte zum Wiederaufbau verhindert.

Gedenktafel:
»An dieser Stelle stand die Universitätskirche St. Pauli. Errichtet als Kirche des Dominikanerklosters war sie seit 1543 Eigentum der

Universität. Sie überstand alle Kriege unversehrt. Am 30. Mai 1968 wurde die Universitätskirche gesprengt. Diesen Akt der Willkür verhinderten weder die Stadtverordneten noch die Leipziger Universität. Sie widerstanden nicht dem Druck eines diktatorischen Systems.«

Am Naschmarkt vor der Alten Börse: Das Bronzedenkmal zeigt Goethe als Studenten

Architektur und andere Sehenswürdigkeiten

Alte Börse ➡ bB2
Naschmarkt, Bus 89 (Markt)
☏ (0341) 261 77 66
www.stadtgeschichtliches-museum-leipzig.de
Führung und Vermietung nach Absprache
Das 1687 fertiggestellte Barockgebäude ist mit seinen Schmuckfassaden und dem prächtigen Portal ein besonderer Glanzpunkt der Innenstadt. Über Jahrhunderte war die Alte Börse Treffpunkt von Kaufleuten aus aller Welt. Im 19. Jh. genügte das Haus mit seiner bescheidenen Größe den gewachsenen Ansprüchen nicht mehr. Heute wird der hervorragend restaurierte Börsensaal für Konzerte, Lesungen, Firmenpräsentationen und Festveranstaltungen genutzt. Der Saal bietet 200 Personen Platz.

Altes Rathaus ➡ bB2
Markt 1, Bus 89 (Markt)
☏ (0341) 965 13 20, www.stadtgeschichtliches-museum-leipzig.de
Di–So und an Feiertagen 10–18 Uhr, Eintritt € 4/3, jeden 1. Mi im Monat frei, kostenlose Führung des Direktors an jedem 1. Mi im Monat 17 Uhr, Führung durch die Schatzkammer und Turmbesteigung jeden 2. Do 16 Uhr, Führungsanmeldung: ☏ (0341) 965 13 15/6
Mit dem 1557 fertiggestellten Prachtbau, der die Ostseite des Marktes einnimmt, besitzt Leipzig eines der wertvollsten Renaissancebauwerke Deutschlands. Der Bürger- und Baumeister Hieronymus Lotter errichtete das

repräsentative Gebäude in nur einem knappen Jahr. Im Laufe der Jahrhunderte erfuhr das Rathaus einige bauliche Ergänzungen, wie den Verkündungsbalkon, den Bläseraustritt, einen barocken Turm und die attraktiven Arkaden.

Die Wesenszüge der Renaissance, die klare Gliederung, die Reihungen von Giebeln und Fenstern und die klaren geometrischen Grundformen blieben jedoch original erhalten. Das Wahrzeichen der Stadt beherbergt heute zwei Dauerausstellungen: »Von der Stadtwerdung bis zur Völkerschlacht« und »Leipzigs Weg vom 19. ins 21. Jahrhundert«. Besonders sehenswert sind der Festsaal und die Ratsstube.

Auerbachs Keller ➡ bC2
Grimmaische Str. 2–4, Mädlerpassage, Bus 89 (Markt)
✆ (0341) 21 61 00
www.auerbachs-keller-leipzig.de
Tägl. ab 11.30 Uhr
Berühmt wurde der Auerbachs Keller vor allem durch Goethes »Faust«. Der Dichter ließ Szenen seines Dramas in seinem Stammlokal aus der Leipziger Studentenzeit spielen. Wer kennt nicht den »Fassritt des Dr. Faust aus Auerbachs Keller«?

Heinrich Stromer von Auerbach hat das weltbekannte Weinlokal 1525 im Keller seines Gasthauses

Die Bronzegruppe Faust und Mephisto am Eingang zu Auerbachs Keller

eröffnet. Bereits 1538 bestritt Dr. Stromer ein Drittel der städtischen Weinsteuer. Von 1530 bis 1538 baute er im Umkreis seiner Gastwirtschaft den »Auerbachs Hof«, ein erfolgreiches Handelshaus. Der Kofferfabrikant Anton Mädler ließ 1912 diesen Komplex abreißen, um die moderne »Mädlerpassage« zu errichten. Die Gewölberäume des Auerbachs Keller »Goethe-«, »Luther-« und »Fasskeller« blieben in ursprünglicher Gestalt erhalten.

Nach der Epoche als HO-Gaststätte in der DDR und den Immobilienspekulationen der Nachwendephase wurde das Haus ab 1995 wieder seinem Ruf als eines der zehn berühmtesten Restaurants der Welt gerecht. Plastiken, Wand- und Deckengemälde erinnern an die Geschichte von Faust, Mephisto und den zechenden Studenten. Aufmerksam sollte man das neue Gemälde von Volker Pohlenz betrachten. In der dargestellten Faustszene sind unschwer Personen der neuesten Leipziger Geschichte zu erkennen, so der Immobilienspekulant und »Baulöwe« Dr. Schneider als Hofnarr Mephisto.

Im großen Keller werden heute bodenständige sächsische Küche und Hausmannskost gepflegt. Internationale Gerichte ergänzen das Angebot. Gourmets besuchen die historischen Weinstuben im zweiten Keller (Mo–Sa 18–24 Uhr).

Augustusplatz ➡ bB/bC3/4
Bevor die Mustermesse in die Messehäuser und -hallen einzog, wurden die Waren auf den Plätzen der Stadt ausgestellt und gehandelt. Das Platzangebot der inneren Stadt war bald erschöpft. So führte die schnelle Entwicklung der Messe 1831 zum Abriss des Grimmaischen Tors, und der 40 000 m² große Augustusplatz entstand. Im 19. Jh. erfolgte die Bebauung im Geist der Schinkelzeit zu einem der schönsten

europäischen Plätze. Die Universität (1836), die Hauptpost (1858), das Neue Theater (1867), das Bildermuseum (1858) und das Kaffeehaus Felsche (1834) bildeten mit der im Jahr 1240 geweihten Paulinerkirche ein harmonisches Ensemble.

Die gesamte Bebauung fiel den Bomben des Zweiten Weltkriegs zum Opfer, die Paulinerkirche der Sprengung durch das DDR-Regime. Heute ist der Platz mit neuen sehenswerten Bauwerken umgeben, ein gelungener Gesamteindruck ist jedoch nicht wieder entstanden: die **Oper** (1960), die ehemalige **Hauptpost** (1964), das **City-Hochhaus** (1972), das **Gewandhaus** (1981) und die neue **Universität** (2011). Nur das **Krochhaus** mit den Glockenmännern, das **Europahaus** aus den späten zwanziger Jahren des vorigen Jahrhunderts und der **Mendebrunnen** (1886) sind noch Zeugen eines glänzenden Stadtbilds. Der Platz wurde 1945 in Karl-Marx-Platz umbenannt.

Die großen Demonstrationen und Kundgebungen zur Wende vereinten bis zu 300 000 Menschen auf dem Platz, der seit 1990 wieder seinen ursprünglichen Namen trägt. Vom Restaurant oder der **Aussichtsplattform des City-Hochhauses** bietet sich der beste Blick auf den größten innerstädtischen Platz Deutschlands.

Der Augustusplatz um 1900

Botanischer Garten ➡ G11
Linnéstr. 1, Leipzig-Südosten
Straßenbahn 15 (Ostplatz), Straßenbahn 2/16, Bus 60 (Johannisallee)
© (0341) 9736850
www.uni-leipzig.de/bota
Freiland: Nov.–Feb. tägl. 9–16, März/April, Oktober tägl. 9–18, Mai–Sept. tägl. 9–20 Uhr, Gewächshäuser: Okt.–April Di–Fr 13–16, Sa/So/Fei 10–16, Mai–Sept. Di–Fr 13–18, Sa/So/Fei 10–18 Uhr
Der älteste botanische Garten Deutschlands entwickelte sich vor 450 Jahren aus einem Klostergarten. An seinem heutigen Standort befindet sich die Anlage seit 1877. Auf 3100 m² werden 9000 Pflanzen aller subtropischen und tropischen Gebiete der Erde gezeigt.

Bundesverwaltungsgericht ➡ F8
Simsonplatz 1
Straßenbahn 2, 9 (Neues Rathaus),

Mehr als nur ein Zweckbau: das prächtige Bundesverwaltungsgericht

10, 11 (Wilhelm-Leuschner-Platz)
✆ (0341) 2007-0
www.bundesverwaltungsgericht.de
Führungen nur nach schriftlicher
Anmeldung (Formulare online
oder per Post) Mo–Fr ab 16, Sa/
So ab 9 Uhr
Eintritt € 25 pauschal für Gruppen
unter 10 Personen, für Gruppen
über 10 Personen € 2,50/1,50 pro
Person
Das monumentale Reichsgericht
wurde von 1888–95 im Stil der
Neorenaissance gebaut. Seine
Innenarchitektur besticht durch
reichhaltige Gold- und Marmor-
ausstattung. Der prächtige barocke Festsaal ist großzügig mit
Bilder-, Skulpturen- und Relief-
schmuck ausgestattet. Im historischen Verhandlungssaal hingegen prägen eine Eichendecke
und reich verzierte Holztüren das
Bild. Im Jahr 2002 nahm das Bundesverwaltungsgericht in diesem
Gebäude seine Arbeit auf.

City-Hochhaus –
Aussichtsplattform ➡ bC3
Augustusplatz 9
Tägl. ab 9 Uhr, Eintritt € 3
Das höchste Gebäude der Stadt
wurde 1968–72 als zentraler
Standort der Universität gebaut.

*Jugendstileingang zur Deutschen
Bücherei*

Über 29 Etagen führen die Aufzüge zur Aussichtsplattform des
heutigen Bürohochhauses. Mit
freiem Blick in alle Richtungen
zeigt sich die Schönheit der Stadt,
die Lage der einzelnen Stadtteile
und des Auwalds. Bei klarem Wetter sind die Seen im Süden und
das Messegelände im Norden zu
sehen. Oben befindet sich auch
ein Restaurant.

Deutsche Bücherei/
Nationalbibliothek – Deutsches
Buch- und Schriftmuseum ➡ J11
Deutscher Platz 1, Leipzig-Südosten
Straßenbahn 2, 16 (Deutsche Bücherei)
Bücherei: ✆ (0341) 227 10
www.d-nb.de
Mo–Fr 8–22, Sa 9–18 Uhr, Führung
jeden 3. So im Monat 11 Uhr oder
auf Anfrage Nutzungsgebühr € 5
Museum: ✆ (0341) 227 13 24, Mo–
Fr 8–16, Sa 9–18 Uhr, Führung auf
Anfrage, Eintritt € 1,50/0,50
Das Büchereigebäude mit seiner
120 m langen, bogenförmigen
Fassade wurde in Anlehnung an
die frühitalienische Renaissance
mit Schmuckelementen des aus-
klingenden Jugendstils erbaut und
1916 als Gesamtarchiv deutschsprachigen Schrifttums eröffnet.

Seither hat die Deutsche Bücherei die Aufgabe, alle deutschen
und deutschsprachigen gedruck-
ten Publikationen nach 1913 zu
sammeln, zu archivieren und öffentlich zugänglich zu machen.
Grundlage des Sammelauftrags
ist die Pflicht jedes Verlegers, zwei
Exemplare einer Neuerscheinung
an den zuständigen Standort
(Leipzig oder Frankfurt am Main)
zu liefern. Nach der formalen Er-
fassung wird das Zweitexemplar
an den jeweils anderen Standort
zur Archivierung weitergegeben.
Die Bestände der Präsenzbiblio-
thek können von Erwachsenen
gegen eine Gebühr benutzt werden. Momentan sind in Leipzig
rund zwölf Millionen Medienein-

Bücher und Verlage

Erst nachdem bereits Bücher in Leipzig gehandelt wurden, soll um 1480 das erste Buch in der Stadt gedruckt worden sein. Bis 1530 erschienen rund 1300 Buchtitel. Die Buchmesse, auf der man Veröffentlichungen aus allen Teilen Europas vertrieb, erlangte schon damals eine eigenständige Bedeutung. 1595 erfolgte sogar die Herausgabe eines ersten Buchmessekatalogs.

1650 erschien die weltweit erste Tageszeitung in Leipzig. In der Folge entstanden namhafte Druckereien und Verlage, u. a. Hofmeister, B.G. Teubner, Anton Philipp Reclam und mit Breitkopf & Härtel der erste Musikverlag der Welt. Verlage wie F.A. Brockhaus, Seemann, Baedecker, Bibliographisches Institut und die Dieterich'sche Verlagsbuchhandlung ließen sich in der Buchstadt nieder. 1825 gründete sich der Börsenverein des Deutschen Buchhandels.

Um 1900 arbeiteten östlich des Stadtzentrums bereits 144 Buchdruckereien, 1905 stieg die Zahl auf etwa 200. Das Graphische Viertel war entstanden. 1912 öffnete die Deutsche Bücherei als Nationalbibliothek in Leipzig. Das Buchhändler- und Buchgewerbehaus wurde gebaut, und mit der BUGRA fand 1914 die erste Weltausstellung für Buchgewerbe und -graphik statt. 1927 unterhielten 400 Verlage Büros in Leipzig.

Heute steht das Deutsche Literaturinstitut Leipzig für eine interessante Literaturszene. Erfreulich ist, dass es vielen kleinen und mittelständischen Traditionsunternehmen gelungen ist, ihre Druckereien nach der Wende wieder als moderne und profitable Firmen zu führen.

heiten vorhanden, der Bestand wächst jedoch täglich um rund 1200 Einheiten. Seit 1982 ergänzt ein Magazinturm das Bücherlager, ein neuer Erweiterungsbau, der noch in der Planungsphase steckt, wird 11 000 m² zusätzlichen Platz bieten. Das integrierte **Buch- und Schriftmuseum** besteht seit 1884 und beherbergt historisch und künstlerisch wertvolle Sammlungen und Fachbibliotheken.

Fockeberg ➜ J7
Fockestraße, Südvorstadt
Straßenbahn 10, 11, Bus 89 (Kurt-Eisner-Straße)
Der 153 m hohe ehemalige Trümmerberg ist heute beliebtes Spazierziel und Aussichtspunkt mit Weitblick auf die City und den Leipziger Süden. Im Sommer trifft man sich zum Grillen, im Winter kann man an den Hängen rodeln.

Beim jährlich im Frühjahr stattfindenden **»Seifenkistenrennen«** und in der Silvesternacht ist die Stimmung auf dem Höhepunkt und kaum noch ein Platz ist zu ergattern.

Gewandhaus ➜ bC3
Augustusplatz 8
☎ (03 41) 127 02 80
www.gewandhaus.de
Kasse: Mo–Fr 10–18, Sa 10–14 Uhr
1743 gründeten 16 Leipziger Kaufleute eine Konzertgesellschaft, die im Gasthaus am Leipziger Brühl »Zu den drey Schwanen« ihre Spielstätte fand. Im Jahr 1781 erfolgte der Umzug in das »Gewandhaus«, das Messehaus der Tuchhändler. Der nationale und internationale Erfolg des Orchesters führte 1881 zur Eröffnung des klassizistischen Konzerthauses an der heutigen Beethovenstraße.

Im Februar 1944 wurde der Gewandhausbau durch einen Bombenangriff schwer beschädigt. Es fehlten die Mittel für einen Wiederaufbau, die Ruine wurde 1968 abgetragen. Über viele Jahre diente die Kongresshalle des Leipziger Zoos als Interim, bis 1981 das Gewandhaus am Augustusplatz fertiggestellt war. Im hervorragend ausgestatteten Haus mit zwei Konzertsälen finden jährlich über 600 Veranstaltungen mit dem weltberühmten Gewandhausorchester, dem Gewandhauschor, verschiedenen Gewandhaus-Ensembles, Organisten und Gastmusikern statt.

Gohliser Schlösschen ➡ A7
Menckestr. 23, Leipzig-Gohlis
Straßenbahn 4 (Menckestraße),
12 (Fritz-Seger-Straße)
Führungen unter © (0341) 58 96 90
www.gohliser-schloss.de
Das Gohliser Schlösschen ist ein bürgerliches spätbarockes Landpalais von 1755/56 mit dem einzigen Barockgarten der Stadt. Es bildet einen exzellenten Rahmen

Ein spätbarockes Landpalais: das Gohliser Schlösschen

für Empfänge und Festveranstaltungen, ist Veranstaltungsort für Lesungen, Ausstellungen, kleine Konzerte und Tanz. Das **Steinsaalrestaurant** bietet gehobene traditionelle sächsische Küche. Vom Arkadencoffee hat man einen schönen Blick auf die Gartenanlage.

❶ Hauptbahnhof ➡ bA3/4
Willy-Brandt-Platz
www.promenaden-hauptbahnhof-leipzig.de
Als der heute größte Kopfbahnhof Europas 1915 nach 13-jähriger Bauzeit eingeweiht wurde, war er mit seinen 26 Bahngleisen und fünf Außenbahngleisen sogar einer der größten der Welt. Ihm mussten fünf alte Bahnhöfe weichen. Die Parthe bekam auf einer Länge von 900 m einen anderen Flusslauf. Das Bahnhofsgebäude kann die stolze Länge von 298 m und zwei riesige Eingangshallen mit 10 m breiten Freitreppen vorweisen. Bis 1934 gab es nahezu alles zweimal, denn der Bahnhof wurde zur einen Hälfte von der sächsischen und zur anderen von der preußischen Bahn betrieben, die völlig autark den Zug- und Personenverkehr regelten. Die im Zweiten Weltkrieg stark zerstörten Eingangs- und Gleishallen wurden von 1954–62 wieder aufgebaut.

Der mit den Jahren grau gewordene Hauptbahnhof erfuhr am Ende der 1990er-Jahre eine Verjüngungskur. Mit dem Umbau des gesamten Bahnhofskomplexes und der Integration der **Hauptbahnhof Promenaden** wurde 1997 ein attraktives Shopping-, Service- und Dienstleistungszentrum geschaffen. Auf einer Fläche von 30 000 m² betreuen 140 Fachgeschäfte auf drei Etagen die Reisenden und Besucher. 1300 Parkplätze unmittelbar an den Bahnsteigen erleichtern das Reisen und das Einkaufen.

Nichts ist mehr zu spüren von den sonst üblichen Schattensei-

Größter Kopfbahnhof Europas: der Leipziger Hauptbahnhof

ten eines Bahnhofs und auch nicht von der Skepsis der Leipziger, ihren geliebten Bahnhof zu verändern. Eine Meisterleistung städtebaulicher Erneuerung und Denkmalpflege, ein Tiefschlag für die »Einkaufstempel« auf der grünen Wiese.

❸ Mädlerpassage ➡ bC2
Grimmaische Str. 3–4
Bus 89 (Markt)
www.maedler-passage-leipzig.de
Die für Leipzig charakteristischen Hof- und Durchgangsbauten erinnern an den Wohlstand des Bürgertums und die Blütezeit der Mustermessen. Heute präsentieren sich historische Passagen und Innenhöfe in neuem Glanz, und mit neuen Durchgängen wird geschickt Bezug auf die Tradition genommen.

Der Neubau des Messehauses »Mädler-Passage« erfolgte 1912–14 im Auftrag des Kofferfabrikanten Anton Mädler. Der Gebäudekomplex verfügte damals über 8000 m² Ausstellungsfläche auf vier Geschossen, sechs Treppenhäuser und vier moderne Aufzüge. Das System von Einzelpassagen, die alle zu einer Rotunde führen, hat ihr Vorbild in der Mailänder Galleria Vittorio Emanuele. Den Eingang Grimmaische Straße schmücken lebensgroße weibliche Plastiken mit Weintrauben und einer Vase. Sie verweisen auf die Ausstellung und den Handel mit Porzellan und das traditionelle Weinlokal »**Auerbachs Keller**«.

Die Dachkonstruktion aus Stahlbetonrippen mit Glasbausteinen und die 12-m-Rotunde stellen eine ingenieurtechnische Glanzleistung dar und bieten Raum für den exklusivsten Einkaufsbereich der Stadt. Gleichermaßen Augenweide wie Einkaufsziel sind Specks Hof, Strohsack, Barthels Hof, Weberhof, Jägerhof, Steibs Hof, Messehof, die Hansahaus-Passage und die Juridicum-Passage.

Moritzbastei ➡ bC3
Universitätsstr. 9
Straßenbahn 16 (Roßplatz), 10, 11 (Wilhelm-Leuschner-Platz), Bus 89 (Moritzbastei)
✆ (03 41) 70 25 90
www.moritzbastei.de
Die Moritzbastei ist der einzige erhalten gebliebene Teil der Leipziger Befestigungsanlage, die unter Moritz von Sachsen im 16. Jh. erbaut wurde. Die im Zweiten Weltkrieg völlig verschüttete Anlage wurde 1973 von Studenten ausgegraben und zu einem **Studentenclub** ausgebaut. Das Netz unterirdischer Gänge und Gewölbe ist der zentrale Treff von Jugendlichen und Studenten. Der Keller ist eine

gut besuchte Disco und Veranstaltungsort für Jazz- und Rockkonzerte sowie Lesungen.

Neue Messe ➜ aB4

Messe-Allee 1, Straßenbahn 16 (Neue Messe), S-Bahn oder Flughafen-Express (vom Hauptbahnhof), ℃ (0341) 6780
www.leipziger-messe.de
Eine Tageskarte berechtigt zur kostenlosen Nutzung der öffentlichen Verkehrsmittel

Nach 800-jähriger Geschichte ist die Messe 1996 in die neuen Hallen am Nordrand der Stadt gezogen. Der Eingang zur Messe erfolgt durch eine Glashalle (80 m breit, 243 m lang, 30 m hoch), eine europaweit einzigartige Bogenkonstruktion aus Stahl und Glas. Neben den Fachmessen finden in der Mehrzweckhalle Konzerte, Sportveranstaltungen, Parteitage und das Lesefest »Leipzig liest« statt. Der 80 m hohe Messeturm ist neues Wahrzeichen der Stadt und ihrer Messe geworden.

Panometer ➜ aD3/4

Richard-Lehmann-Str. 114
℃ (0341) 3555340, www.asisi.de

Di–So 10–19 Uhr
Eintritt € 10/8,50
Großpanorama in einem stillgelegten Gasometer. Wechselnde Sonderausstellungen, Anruf vorab sinnvoll.

Red Bull Arena ➜ C/D5

Am Sportforum 3
Straßenbahnen: 3, 4, 7, 8, 13, 15 (vom Hauptbahnhof)
Parkplätze: ca. 5400 am Stadion
Tickethotline ℃ (0341) 2341123
www.sportforum-leipzig.com
Führungen: Termine sind zu erfragen unter ℃ (0341) 2341117
Ticketshop: Mo–Fr 10–19, Sa 10–16 Uhr
1955/56 wurde in nur 16 Monaten das größte Stadion Deutschlands mit 100 000 Sitzplätzen fertiggestellt. Das gewaltige Rund der Arena wurde noch zum Großteil aus Trümmerschutt des Zweiten Weltkriegs gebildet. Das Zentralstadion war Kernstück des Leipziger Sportforums mit seinen Leichtathletik- und Schwimmsportanlagen, Tennisplätzen und dem Sportmuseum.

Mit dem Abschied der Leipziger Clubs aus dem bezahlten

Leipziger Messe

Leipzig wird 1165 mit seinen Oster- und Michaelismärkten erstmalig als bedeutender Handelsplatz urkundlich erwähnt. Zu dieser Zeit erfolgte auch die Verleihung des Stadtrechts. 1268 schaffte Markgraf Dietrich von Landsberg das Geleitschutzprivileg für die Kaufleute. Kaiser Maximilian bestätigte 1497 der Stadt drei Messetermine im Jahr und stärkte 1507 mit seinen Messeprivilegien den Standort. Mit dem Wandel der Waren- zur Mustermesse öffnete 1896 mit dem Städtischen Kaufhaus der erste Messebau der Welt. 1920 war die Geburtsstunde der weltweit ersten technischen Messe auf dem speziellen Ausstellungsgelände im Südosten der Stadt. Nach dem Zweiten Weltkrieg erfolgte 1945 die Wiedereröffnung der Messe als »Musterschau Leipziger Erzeugnisse«. Die Wende brachte auch für die Messe einen Neubeginn und die Orientierung auf Fachmessen. Seit 1996 besitzt Leipzig eines der attraktivsten und variabelsten Messe- und Kongresszentren Europas.

Messeturm am Eingang des Leipziger Messegeländes

Blick vom Messeturm auf die Glashalle mit Messesee und Congress Center Leipzig

Fußball musste sich auch das alte Zentralstadion verabschieden. Seit 2004 verfügt Leipzig über ein hochmodernes Stadion mit 45 000 Sitzplätzen. Die futuristische, von weitem sichtbare Dachkonstruktion hat sich zum Markenzeichen des neuen Sportforums Leipzig entwickelt. Das Tragwerk besteht aus zwei Bögen, die das Stadion über 200 m stützenfrei in Längsrichtung überspannen. Die Flutlichtanlage ist integraler Bestandteil der Dachträger.

Denkmal der Synagoge ➜ bB1
Gottsched-/Zentralstraße
Straßenbahn 9, Bus 89 (Thomaskirche)
Die Große Synagoge der jüdischen Gemeinde in Leipzig wurde am 9. November 1938 durch Brandstiftung von Faschisten zerstört. Seit 2001 erinnern 140 Bronzestühle auf einer Fläche, die den Originalgrundriss nachzeichnet, an die 14 000 jüdischen Bürger der Stadt, die während der Herrschaft der Nationalsozialisten ums Leben kamen.

Universitätsbibliothek – Bibliotheca Albertina ➜ F7/8
Beethovenstr. 6
Straßenbahn 2, 8 (Neues Rathaus), Bus 89 (Wächterstraße)

✆ (03 41) 97 30 57 77
www.ub.uni-leipzig.de
Führungen jeden 1. Sa. im Monat 15 Uhr
Die Geschichte der Leipziger Universitätsbibliothek begann 1543 im Paulinerkloster durch die Zusammenlegung der Büchersammlungen der Stadt- und weiterer Klöster aus Sachsen und Thüringen. Sie ist damit eine der ältesten deutschen Universitätsbibliotheken. Die damalige Sammlung umfasste etwa 5000 Bände Druckschriften und 750 Handschriftbände.

Seit 1833 unterstand die Bibliothek dem Ministerium für Kultus und öffentlichen Unterricht und wurde nach wissenschaftlichen Grundsätzen organisiert. 1891 eröffnete die Bibliothek ihren Neubau in der Beethovenstraße. Das prachtvolle Haus im Stil der Neorenaissance wurde von Arwed Rossbach entworfen. Kurz vor Ende des Zweiten Weltkriegs wurde der Gebäudekomplex zu zwei Dritteln zerstört. Da man die Bestände ausgelagert hatte, überstand die Mehrzahl der Bücher den Krieg unbeschadet. Erst nach der Wende konnte das Gebäude mit großem Aufwand und denkmalpflegerischem Geschick wieder hergestellt werden. Über zehn Jahre dauerte die Sanierung und Umgestaltung. Die feierliche Neueröffnung mit 200 000 Bänden Freihandaufstellung und 780 Leseplätzen fand im Jahr 2002 statt.

Die Verbindung von Neu und Alt ist so beeindruckend, dass inzwischen regelmäßig Führungen angeboten werden, damit die Bibliotheksnutzer nicht zu sehr vom Besucherandrang gestört werden.

Neben der Hauptbibliothek »Bibliotheca Albertina« besteht die Universitätsbibliothek Leipzig heute aus 40 Zweigstellen in den wissenschaftlichen Einrichtungen der Universität. Der Gesamtbestand zählt über 5 Millionen Bände und 7700 laufende Zeitschriften. Zu den bedeutendsten Sammlungen gehören mittelalterliche und neuzeitliche Handschriften, Inkunabeln, die Papyrus- und Autographensammlung sowie die Ostraka- und Münzsammlung.

Der Standort der Bibliothek vermittelt den Eindruck eines harmonisch gestalteten Stadtensembles aus dem späten 19. Jh. mit Bundesverwaltungsgericht, Universitätsbibliothek, Hochschule für Musik und Theater sowie Hochschule für Grafik und Buchkunst.

❽ Völkerschlachtdenkmal, Forum 1813 ➡ aD4
Prager Straße, Leipzig-Probstheida
Straßenbahn 15 (Völkerschlachtdenkmal)
✆ (03 41) 2 41 68 70

www.voelkerschlachtdenkmal.de
www.stadtgeschichtliches-museum-leipzig.de
Tägl. April–Okt. 10–18, Nov.–März 10–16 Uhr
Eintritt Denkmal € 6/4, Forum € 3/2
Mit 91 m über dem Straßenniveau steht hier das höchste Denkmal Deutschlands. Es wurde 1913, 100 Jahre nach dem Sieg der preußischen, österreichischen, russischen und schwedischen Truppen über die Armee Napoleons, durch den deutschen Kaiser eingeweiht. Über 100 000 Soldaten fielen in den Kämpfen des Oktober 1813.

Man trifft auf Maße und Massen der Superlative. 300 000 Tonnen heimischer Granitporphyr wurden verbaut, von der Straße bis zur Aussichtsplattform sind 500 Stufen in schmalen Wendeltreppen zu überwinden (es gibt auch Aufzüge). In der Krypta wird der Gefallenen des Krieges gedacht, Schicksalsmasken symbolisieren den Tod, überdimensionale Krieger halten Totenwache.

Der Innenraum weist eine Höhe von 68 m auf. Die Ruhmeshalle, die Haupthalle des Denkmals, ist durch vier fast 10 m hohe Kolossalfiguren geprägt (ein Ohr misst 40 cm, eine große Zehe 70 cm!). Sie sollen die Wesenszüge der siegreichen Völker darstellen: Tapferkeit, Selbstvertrauen, Opferfreudigkeit und Volkskraft. Von den zwölf Wächterfiguren des Kuppelbaus

Zum Gedenken an die Befreiungsschlacht 1813: das Völkerschlachtdenkmal

Erzengel Michael am Fuße des Völkerschlachtdenkmals

ist jede 13 m hoch. Mit Blick vom »Gipfel« liegen dem Besucher Leipzig und »Neuseenland« zu Füßen.

Die **Dauerausstellung** in der Ruhmeshalle befasst sich mit den Ideen zum Bau des Denkmals, seiner Vereinnahmung durch Nationalsozialisten, Kommunisten und Rechtsradikale und seiner Einordnung als europäisches Friedensdenkmal. Bis zum 100. Geburtstag erfährt das Wahrzeichen der Stadt eine etappenweise Grundsanierung.

Im Museum zur Schlacht **Forum 1813** werden die konkreten Ereignisse der Befreiungskriege anhand von über 350 Exponaten und einem Diorama mit 3500 Zinnfiguren sehr anschaulich dargestellt (Führungen Di 15 Uhr).

❾ Waldstraßenviertel ➡ C/D6
Zentrum, Norden, Gohlis
Straßenbahn 4, 12
Das Wohnviertel ist eines der größten erhaltenen Gründerzeitbebauungen Deutschlands. Herrschaftliche Villen und repräsentative Bürgerhäuser stehen nahe dem Stadtzentrum und dem Stadtwald.

Auf dem trockengelegten Sumpfland zwischen Pleiße, Elster und Parthe bauten die Fabrikinhaber und die Bessergestellten, als Leipzig seinen enormen industriellen Aufschwung erfuhr. Jüdische Unternehmer prägten das Leben im Viertel und setzten Maßstäbe für die Stadtentwicklung. So entstanden das beispielgebende Eitingon-Krankenhaus und eines der ersten Altenheime. In der DDR-Zeit verfielen die Dächer und Fassaden, die Substanz blieb aber erhalten. So wurde das Gebiet um die Waldstraße nach der Wende wieder zum prachtvollen Wohnstandort.

❿ Zoologischer Garten ➡ B/C7/8
Pfaffendorfer Str. 29

Straßenbahn 12 (Zoo)
☎ (0341) 59 33 500 und 59 33 385
www.zoo-leipzig.de
Jan.–März 9–17, April 9–18, Mai–Sept. 9–19, Okt. 9–18, Nov. und Dez. 9–17 Uhr
Eintritt € 17/14, Kinder (4–14 Jahre) € 10, Bambus-Parkhaus € 1/Std. bis 4 Std., Tag € 6
In unmittelbarer Zentrumsnähe und am Rande des Rosentals gründete der Gastwirt Ernst Pinkert im Jahr 1878 den Zoo Leipzig, zunächst mit dem Alten Raubtierhaus. Zur Jahrhundertwende wurde in das Neue Raubtierhaus, das Affenhaus und die heutige Kongresshalle investiert. Aquarium, Terrarium, Elefantenhaus und die Raubtierfreianlagen folgten bis 1930. 1992 konnte das Aquarium mit einem Rund-Panoramabecken eröffnet werden.

Seit Mitte der 1990er-Jahre macht der Zoo regelmäßig große Qualitätssprünge: 1997 öffnete das neue Terrarium und 1998 die Robbenanlage, 2001 kamen die größte Menschenaffenanlage der Welt »Pongoland« und die Löwensavanne »Makasi Simba«, 2006 der Elefantentempel »Ganesha Mandir« hinzu. Im Ergebnis des ehrgeizigen Projekts »Zoo der Zukunft« werden die Besucher im Jahr 2015 alle Tiere bei einer Reise rund um den Globus artgerecht und trotzdem hautnah erleben können.

Seit 2011 lässt sich die Erlebniswelt der Tropen im »Gondwanaland« auf ebenerdigen Pfaden, in luftiger Höhe oder im Boot entdecken. Hier wird der Regenwaldgürtel Afrikas, Asiens, Südamerikas und Australiens verblüffend echt präsentiert. In der Riesentropenhalle von 16 500 m² Größe und 34,5 m Höhe sind mehr als 300 Tiere aus 40 Arten und ca. 17 000 Pflanzen zu bewundern. Die Entdeckertour mit dem Boot auf dem Urfluss Gamanil ist 390 m lang und dauert elf Minuten. ▪

Übernachten: Hotels und Hostels

Die Stadt ist durch ihre Messen schon immer gut mit Übernachtungsmöglichkeiten ausgestattet. In den letzten Jahren ist das breite Angebot sowohl durch Luxus- als auch durch Budgethotels ergänzt worden. Jeder hat die Qual der Wahl, vom online buchbaren Hotel oder Pension bis zur Jugendherberge oder dem Campingplatz. Während nach der Wende neue Hotels überwiegend in Autobahnnähe am Rande der Stadt entstanden, glänzt nun auch die Innenstadt mit Hotelneubauten und Umbauten. So ist erst 2011 im ehemaligen Messehaus Handelshof das »Steigenberger Grandhotel« fertiggestellt worden.
Preiswerte Angebote erhält man über die Leipzig-Buchungshotline: ✆ (0341) 7104255, zimmer@lts-leipzig.de

Die angegebenen Preiskategorien sind Orientierungen und gelten für ein Doppelzimmer inklusive Frühstück.

€ – 65 bis 100 Euro
€€ – 100 bis 150 Euro
€€€ – über 150 Euro

Hotel Fürstenhof Leipzig ➡ bA2
Tröndlinring 8, 04105 Leipzig
✆ (0341) 1400, Fax (0341) 1403700
www.hotelfuerstenhofleipzig.com
Das Luxushotel befindet sich in einem Patrizier-Palais aus dem Jahre 1770. Es ist Leipzigs erstes Haus am Platz und entspricht höchsten Maßstäben in Exklusivität und Luxus. Der Fürstenhof bietet 92 Zimmer, einen hervorragenden Wellnessbereich mit Badelandschaft und edle Restaurants und Bars. Und dies alles in 100 m

Entfernung vom Stadtzentrum. Das Haus belegt den 11. Platz im Ranking der besten deutschen Hotels. €€€

Steigenberger Grandhotel Handelshof ➡ bB3
Salzgässchen 6, 04109 Leipzig
✆ (0341) 3505810
Fax (0341) 3505181888
www.steigenberger.com/Leipzig
Hinter der prunkvollen historischen Fassade des städtischen Handelshofes aus dem Jahr 1908 liegt direkt im Herzen der Innenstadt das neue Grandhotel im modernen Stil. Es gibt 123 Superior- und 40 De-luxe-Zimmer, 13 Suiten, einen edlen Spa- und Fitnessbereich, noble Restaurants, Brasserie, Bar und Vinothek. €€€

The Westin Leipzig ➡ bA3
Gerberstr. 15, 04105 Leipzig
✆ (0341) 9880, Fax (0341) 9881229

Pianobar und Wintergarten im Hotel Fürstenhof Leipzig

Im pentahotel Leipzig beginnt gutes Design bereits in der Lounge

www.westin-leipzig.de
Mit 446 Zimmern bietet das »Westin« den größten Hotelpool der Stadt. Besucher haben den besten Blick auf die City und sind bereits nach 300 m im Stadtzentrum. Ein besonderes Angebot sind die großen First-Class-Zimmer. €€€

Victor's Residenz-Hotel Leipzig ➡ bA4
Georgiring 13, 04103 Leipzig
✆ (03 41) 68 66 0
Fax (03 41) 68 66 89 99
www.victors.de
Das Leipziger Jugendstilhotel mit Tradition wurde aufs Feinste restauriert, hat 101 Zimmer, eine edle Ausstattung und besten Service. Sein großer Vorteil ist die Bahnhofsnähe und der kurze Fußweg zu allen Sehenswürdigkeiten der Innenstadt. €€

Radisson Blu Hotel Leipzig ➡ bC3
Augustusplatz 5/6
04109 Leipzig
✆ (03 41) 21 46 0
Fax (03 41) 21 46 81 5
www.radisson-leipzig.com
Das zentrumsnahe Hotel ist ein architektonisch gelungener Umbau, modern und exklusiv mit 214 Zimmern. Besucher zu frühen DDR-Zeiten übernachteten hier im »Hotel Deutschland«, ein Hotel-Name, den es nicht lange gab. Vom Radisson blickt man auf das Gewandhaus, und auch zum Museumskomplex Grassi ist es ein kurzer Fußweg. €€

Leipzig Marriott Hotel ➡ bA3
Am Hallischen Tor
04109 Leipzig
✆ (03 41) 96 53 0
Fax (03 41) 96 53 99 9
www.marriott.de/LEJDT
Das moderne Hotel mit 231 Zimmern befindet sich in unmittelbarer Nähe zum Bahnhof und dem Stadtzentrum. Seine Räume sind komfortabel ausgestattet. Besonders geschätzt werden der Wellnessbereich und das Schwimmbad. €€

Mercure Leipzig Am Johannisplatz ➡ F10
Stephanstr. 6, 04103 Leipzig
✆ (03 41) 97 79 0
Fax (03 41) 97 79 10 0
www.mercure.com
Der First-Class-Neubau besitzt 174 Zimmer mit eleganter Ausstattung und verfügt über einen Wellnessbereich. Das Stadtzentrum ist nur 800 m entfernt. €€

Novotel Leipzig City ➡ bB4
Goethestr. 11, 04109 Leipzig
℃ (0341) 995 80
Fax (0341) 995 82 00
www.novotel.com
Der moderne Neubau mit 200 Zimmern befindet sich direkt im Stadtzentrum vis-à-vis vom Hauptbahnhof. Gäste finden stilvolle und ruhige Komfortzimmer. €€

pentahotel ➡ bB5
Großer Brockhaus 3
04103 Leipzig
℃ (0341) 129 20
Fax (0341) 129 28 00
www.pentahotels.com
Das beliebte Businesshotel im alten Druckereiviertel Leipzigs ist ein komfortabler Neubau mit allen Annehmlichkeiten, auch mit Wellnessanwendungen und Schwimmbad. Die 356 Zimmer zeichnen sich durch anspruchsvolles Design aus. Entfernung zum Stadtzentrum 500 m. €€

Seaside Park Hotel ➡ bA3
Richard-Wagner-Str. 7
04109 Leipzig
℃ (0341) 985 20
Fax (0341) 985 27 50
www.park-hotel-leipzig.de
Für die Leipziger ist es noch immer das »Parkhotel«, ein schickes Haus mit 288 Zimmern, vorwiegend im Art-déco-Stil und mit komfortabler Ausstattung. Der Bahnhof ist gegenüber, zum Bildermuseum und zum Markt ist es ein Katzensprung. €€

A & O Leipzig Hauptbahnhof
➡ C10
Brandenburger Str. 2
04103 Leipzig
℃ (0341) 250 79 49 00
Fax (0341) 250 79 49 90
www.aohostels.com
Günstiges Hotel und Hostel (ab € 10/Nacht) vis-à-vis vom Hauptbahnhof im historischen Reichspostgebäude, 163 Zimmer, *All-you-can-eat*-Frühstücksbuffet. €

Hotel Adagio ➡ bD4
Seeburgstr. 96
04103 Leipzig
℃ (0341) 216 69 0
Fax (0341) 960 30 78
www.hotel-adagio.de
Das gut ausgestattete Gründerzeithaus »in der ruhigen zweiten Reihe« weist 32 Zimmer auf. Bis zum Stadtzentrum sind es trotzdem nur 300 m. €

Hotel Am Bayrischen Platz
➡ G10
Paul-List-Str. 5, 04103 Leipzig
℃ (0341) 140 86 0
Fax (0341) 140 86 48
www.hotel-bayrischer-platz.de
Ein gemütliches, liebevoll restauriertes Haus in unmittelbarer Nähe des Bayerischen Bahnhofs. 32 Zimmer, 600 m zum Stadtzentrum. €

Galerie Hotel Leipziger Hof
➡ C12
Hedwigstr. 1–3, 04315 Leipzig
℃ (0341) 697 40
Fax (0341) 697 41 50
www.leipziger-hof.de
Das anregende, interessante und komfortable Hotel mit 72 Zimmern ist 1300 m östlich vom Stadtzentrum zu finden. Geschätzt werden die individuell gestalteten Räume und die sehr gute Verkehrsanbindung. Attraktion sind die Kunstsammlung und die Kunstgalerie mit Schwerpunkt »Leipziger Schule«. €

Jugendherberge ➡ A14
Volksgartenstr. 24
04347 Leipzig (Schönefeld)
℃ (0341) 245 700
Fax (0341) 245 70 12
www.djh-sachsen.de
Zweckbau mit 170 Betten, alle Zimmer mit Dusche und WC, Freizeiträume, Tagungsräume, Kinderspielzimmer, Halb- und Vollverpflegung möglich, eigene Parkplätze, keine Schließzeit. Ab € 19,50 pro Nacht mit Frühstück. €

In der Kunstgalerie des Galerie Hotels Leipziger Hof

Motel One ➡ bB3
Nikolaistr. 23, 04109 Leipzig
✆ (0341) 337 43 70
Fax (0341) 33 74 37 10
www.motel-one.com
Das 2009 eröffnete, schicke und dennoch preiswerte Haus befindet sich gegenüber der Nikolaischule/Nikolaikirche direkt im Zentrum. 174 Zimmer mit funktionalem Design. €

Say-Cheese ➡ bB2
Kleine Fleischergasse 8
✆ (03 41) 35 58 31 96
www.say-cheese.net
Hostel in der neu eröffneten, ehrwürdigen City-Passage »Kleines Joachimsthal«. 26 Zimmer mit 118 Betten (Einzel-, Doppel- und Mehrbettzimmer), 24-Stunden-Rezeption, kostenlose Schließfächer auf den Zimmern, Say-Cheese-Lounge 6–12 Uhr, Fahrradverleih. €

Schlafgut ➡ bC4
Nürnberger Str. 1, 04103 Leipzig
✆ (0341) 211 09 02
Fax (0341) 211 09 01
www.schlafgut-leipzig.de

Preiswertes Appartement-Hotel nahe Augustusplatz. 29 Appartements, ein rollstuhlgerechtes Zimmer, eigene Gastronomie. €

Sleepy Lion Hostel ➡ bA1
Jacobstr. 1, 04105 Leipzig
✆ (0341) 99 39 48 0
Fax (0341) 99 39 48 2
www.hostel-leipzig.de
Preiswerte Alternative in Citynähe am Anfang des Waldstraßenviertels, Einzel- und Mehrbettzimmer ab € 12,50 pro Nacht und Person, alle Zimmer mit Dusche und WC, keine Altersbegrenzung, kein Herbergsausweis, keine Schließzeit, Fahrradverleih. €

Pension Zum Leipziger Zoo
➡ bB1
Käthe-Kollwitz-Str. 3
04109 Leipzig
✆ (0341) 26 56 00 77
Fax (0341) 26 48 90 54
www.pension-zum-leipziger-zoo.de
Direkt am Innenstadt-Ring gelegen, 16 Einzel- bis 4-Bett-Zimmer, Familienzimmer ab € 65, geöffnet von 8 bis 20 Uhr. €

Essen und Trinken: Restaurants, Cafés

Leipzig war schon immer eine Stadt der Genießer. Voraussetzungen sind dafür einerseits die sprichwörtliche sächsische Gemütlichkeit und andererseits die schon immer in der behaglichen und engen Innenstadt vorhandenen vielfältigen Möglichkeiten zum Einkehren, Schlemmen und Verweilen. Natürlich hat auch Leipzig seine Spezialitäten, seine besonderen Gerichte und Getränke, über deren Herkunft und Namensgebung man gern rätselt. Auch außerhalb der Stadtgrenzen bekannt sind das Gemüsegericht »Leipziger Allerlei«, das Gebäck »Leipziger Lerche«, das obergärige Bier »Leipziger Gose« und die Desserts »Quarkkeulchen« und »Leipziger Räbchen«.

Die mehrmals im Jahr stattfindenden Messen, die regelmäßigen Besuche der Händler und der sich später entwickelnde Tourismus ließen die Anzahl der Gasthäuser und Restaurants seit 200 Jahren in die Höhe schnellen. Selbst zu DDR-Zeiten hatte Leipzig in Sachen Gastronomie einiges zu bieten. In der Fachpresse und Reiseliteratur werden die gastronomischen Angebote der Stadt hinsichtlich Anzahl, Vielfalt, Originalität und Qualität überaus gelobt. Überzeugen Sie sich selbst: Sie können zwischen 600 Restaurants, 120 Kneipen und 50 Cafés und Eis-Bars wählen.

Die angegebenen Restaurants sind nach Preislagen sortiert. Die Preise beziehen sich auf ein Hauptgericht ohne Getränk:

Untere Preislage: 5 bis 10 €
Mittlere Preislage: 10 bis 15 €
Höhere Preislage: 15 bis 20 €
Oberste Preislage: über 20 €

Restaurants

Untere Preislage:

Bayerischer Bahnhof ➡ G9
Bayrischer Platz 1
℡ (03 41) 124 57 60
www.bayerischer-bahnhof.de
Tägl. ab 11 Uhr
Deftige Kost, selbst gebraute Biere und Gose im ältesten Kopfbahnhof, großer Freisitz mit Kinderspielplatz. Hier wird der **Leipziger Allasch**, ein Kümmellikör, der ursprünglich aus Lettland stammt, fabriziert und ausgeschenkt. Ab 1923 war die Leipziger Likörfabrik W. Horn der alleinige Hersteller dieser Spezialität.

Café Salon Casablanca ➡ G3
Karl-Heine-Str. 47
℡ (03 41) 253 46 14
Mo–Sa 8–20 Uhr
Marokkanische Küche, frische Baklawa und Tajine, Couscous, außergewöhnliche Musik.

✿ **Dr. Schrebers** ➡ E6
Aachener Str. 7
℡ (03 41) 961 13 24
www.schrebers.com
Mai–Sept. Mo–Sa ab 15, So ab 11, sonst Mi–Sa ab 17, So ab 11 Uhr
Am ersten deutschen Schrebergarten: urgemütlich, mit guter, preiswerter Küche und tschechischem Budweiser vom Fass. Im Sommer gibt es einen fantastischen Biergarten mit freundlicher und schneller Bedienung sowie Kinderspielplatz. Und wer etwas über das Wirken von Dr. Schreber wissen will, besucht das Kleingärtnermuseum.

Glashaus ➡ G6
Clara-Zetkin-Park
℡ (03 41) 14 99 00 04
www.glashausimclarapark.de
Tägl. ab 9 Uhr, Mo–Fr 11–15 Uhr

Original Leipziger Allerlei
Hauptgericht von jungem, frischem Gemüse wie Möhren, Kohlrabi, Spargel, Blumenkohl und Morcheln, Krebsschwänzen sowie Semmelklößchen.
Zutaten: je 250 g Möhren, Kohlrabi, Spargel, Blumenkohl und Morcheln, 500 g Schoten, 2–4 Flusskrebse, 150 g Butter, 2–3 Eier, 1 Muskatblüte, geriebene Semmel, 50 g Mehl, Milch.

Quick-Lunch, Sa Frühstücksbuffet, So Brunch
Leckere Angebote unter freiem Himmel.

Gosenschenke »Ohne Bedenken« ➡ A7
Menckestr. 5/Poetenweg 6
Gohlis
✆ (03 41) 566 23 60
www.gosenschenke.de
Mo–Fr ab 16, Sa/So ab 11 Uhr
Sächsische Gastlichkeit im historischen Gewand, rustikale Gaststube und Bierkeller, uriger Biergarten für 500 Gäste, Biere und Gose aller Schattierungen.

La Boum ➡ H8
Karl-Liebknecht-Str. 43, im Fischer-Art-Haus, Südvorstadt
✆ (03 41) 149 42 21
www.laboum-leipzig.de
Tägl. ab 15 Uhr
Jugendliche Kneipe für große Gesellschaften. Italienische Speisen, großer Freisitz.

Suppa Summarum ➡ F/G8
Münzgasse 16
✆ (03 41) 149 49 74
www.soup-bar-summarum.de
Mo–Fr ab 11, Sa ab 17 Uhr
Aufgereihte Terrinen mit klassischen und exotischen Suppen. Gemütliche, preiswerte Suppenbar.

TBE ➡ aC5
Werkstättenstr. 6
✆ (03 41) 651 00 82
www.tbe-engelsdorf.de

Di–Fr 12–14.30 und ab 18, Sa ab 18, So 11.30–15 Uhr
Die Kneipe für Reichsbahn- und Ostalgie-Fans, Lokschuppen mit Soljanka, Rostbrätl und Lokführerfrühstück.

Váradi Csárda ➡ J9
Arthur-Hoffmann-Str. 111
✆ (03 41) 308 16 38
www.varadi-csarda.de
Di–Do, So 11.30–14.30 und 17.30–24 Uhr
Gulasch, Lángos und Zigeunermusik.

Mittlere Preislage:

Das Alte Rathaus ➡ bB2
Markt 1
✆ (03 41) 230 60 36
www.dasalterathaus-leipzig.de
Tägl. ab 11 Uhr
Unter den Arkaden des Alten Rathauses mit modernem Interieur, regionale und mediterrane Küche, Café und Brasserie, den Markt mit seinen schönen Gebäuden immer im Blick, sonniger Freisitz. Von hier Spezialtouren im alten Pariser Stadtbus in den Bierort Krostitz buchbar (auf Anfrage).

Amor Restaurant & Café ➡ F8
Münzgasse 3–5
✆ (03 41) 26 69 76 33
www.amor-restaurant.de, tägl. ab 11 Uhr
Italienische Küche mit frischer Pasta und Kräutern in angenehmer Atmosphäre. Freisitze.

Anton Hannes, Café und Restaurant ➡ G7
Beethovenstr. 17
☎ (03 41) 149 41 92
www.anton-hannes.de
Tägl. 9–1 Uhr
Wieder erstandenes Kleinod in Gründerzeitumgebung, in unmittelbarer Nähe von der Uni-Bibliothek und dem Bundesverwaltungsgericht.

Apels Garten ➡ E7
Kolonnadenstr. 2
☎ (03 41) 960 77 77
www.apels-garten.de
Mo–Sa 11–23, So 11–15.30 Uhr
Sächsische Küche und schmackhafte Tagesgerichte zu fairen Preisen. Andreas Dietrich Apel, Johann Wolfgang Goethe und Clara Schumann sind als lebensgroße Puppen ständige Gäste.

Coffe Baum ➡ bB2
Kleine Fleischergasse 4
☎ (03 41) 961 00 60/61
www.coffe-baum.de
Tägl. 11–24 Uhr
Rustikale Küche mit sächsischen Gerichten in der Lehmann-Stube und im Schumann-Zimmer. In der ersten Etage befindet sich das Genießer-Restaurant »Lusatia« für gehobene Ansprüche.

Da Salvo ➡ G10
Phillip-Rosenthal-Str. 9
☎ (03 41) 964 96 33
Tägl. 12–14.30 und 18–23 Uhr
Der Italiener am Bayerischen Bahnhof. Achtung vor durch die Luft wirbelnden Pizzas (Riesenangebot), deren Zubereitung die Gäste verfolgen können.

Drogerie ➡ A7
Schillerweg 36, Gohlis
☎ (03 41) 590 63 09
www.drogerie-leipzig.de
Tägl. 18–24 Uhr
Gemütliche, rustikale Weinstube mit solider Küche, netten Gästen, kleinen Bilderausstellungen.

Johann S ➡ bC2
Thomaskirchhof 17
☎ (03 41) 225 16 53
www.restaurant-johann-s-leipzig.de
Tägl. 12–1 Uhr
Anspruchsvolles Restaurant und Kneipe nahe der Thomaskirche.

macis ➡ bC1/2
Markgrafenstr. 10
☎ (03 41) 22 28 75 20
www.macis-leipzig.de
Restaurant tägl. 8–14.30 und 17.30–22.30 Uhr
Café Mo–Fr 7–20, Sa 8–20 Uhr

Mit Blick auf den Karl-Heine-Kanal: das »Stelzenhaus«

Biomarkt Mo–Sa 9–20 Uhr
Das Restaurant in einem Gründerzeithaus nahe der Thomaskirche
ist ein Ort zum Entspannen und
Genießen. Mediterrane Küche,
ausschließlich aus Bioprodukten.
Wo kann man sonst ein erstklas-
siges 3-Gänge-Biomenü für € 22
bekommen?!

Mückenschlösschen ➧ C6
Waldstr. 86, Gohlis
✆ (03 41) 983 20 51, www.mue
ckenschloesschen-leipzig.de
Tägl. 10–24 Uhr
Mischung aus Brasserie und Brauhaus in repräsentativer Gründer-
zeitvilla am Elstermühlgraben mit
Blick ins Rosental. Caféterrasse,
Restaurantfreisitz, Biergarten mit
deftigen Speisen.

Mytropolis ➧ nördl. A7
Möckernsche Str. 1, Gohlis
✆ (03 41) 566 27 42
Tägl. 11.30–14.30 und 17.30–24 Uhr
Anspruchsvolle griechische Küche
in edlem sächsischen Gründerzeithaus. In der warmen Jahreszeit
schöner, schattiger Biergarten.

Ratskeller ➧ bD2
Lotterstr. 1
✆ (03 41) 123 45 67
www.ratskeller-leipzig.de
Mo–Sa 11–23, So 11–15.30 Uhr
100 Jahre altes Restaurant mit
»exklusiver« Rufnummer, ge-
pflegte sächsische und internationale Küche, besondere Auswahl
an Weinen von Saale/Unstrut,
sieben Gesellschaftsräume für ins-
gesamt 700 Gäste (Ratsbierstube,
Weinrestaurant, Gewandhaus-
saal, Hochzeitszimmer, Ratskeller
Club, Kaffeekabinett, rustikale
»Alte Wache«), Reisegruppenbe-
treuung, Parkplätze direkt unter
dem Ratskeller.

Sol y Mar ➧ bB1
Gottschedstr. 4
✆ (03 41) 961 57 21
www.solymar-leipzig.de

Tägl. ab 9, So 9–15 Uhr Brunch
Restaurant-Bar-Lounge, erlesene
mediterrane Kost, waagerech-
tes Speisen auf bequemen Sofas
oder Liegen, spezielles Angebot
an Desserts und Cocktails, emp-
fehlenswerter Brunch.

Sonnen-Hof ➧ G2
Weißenfelser Str. 15
Plagwitz
✆ (03 41) 480 67 52
Mo–Fr 11.30–14.30 und 18–23, Sa
18–23, So 11.30– 14.30 Uhr
Sächsische Spezialitäten, erstklas-
sische Wild- und Fischgerichte im
Gründerzeit-Ambiente.

Stelzenhaus ➧ G2
Weißenfelser Str. 65
Plagwitz
✆ (03 41) 492 44 45
www.stelzenhaus-restaurant.de
Mo–Sa 10–1, So 9–1 Uhr Brunch
Ausgewähltes Interieur, passend
zum ehemaligen Industriebau
der klassischen Moderne, Blick
auf den Karl-Heine-Kanal, deutsche und internationale Küche,
anspruchsvoll und kreativ, um-
fangreiches Weinangebot, emp-
fehlenswerter Sonntagsbrunch.

Zest ➧ aD3
Bornaische Str. 54
✆ (03 41) 231 91 26
www.zest-leipzig.de
Tägl. außer Di ab 11 Uhr
Fleischlose Delikatessen, sparta-
nisches, aber geschmackvolles
Ambiente.

Höhere Preislage:

Auerbachs Keller ➧ bC2
In der Mädlerpassage
Grimmaische Str. 2–4
✆ (03 41) 21 61 00
www.auerbachs-keller-leipzig.de
Tägl. ab 11.30 Uhr
Historisches Gewölbe, sächsische
Küche seit 1525. Deftige Gerichte
bei Geschichten um Goethe und
Faust. Gourmets besuchen die

historischen Weinstuben im Keller (Mo–Sa 18–24 Uhr).

Barthels Hof ➡ bB2
Hainstr. 1
℡ (0341) 14 13 10
www.barthels-hof.de
Tägl. 7–24 Uhr
Sächsische Küche und stilvolles Renaissance-Ambiente direkt am Markt.

Brauhaus Napoleon ➡ südl. K13
Prager Str. 233, Probstheida
℡ (0341) 246 76 76
www.brauhaus-leipzig.com
Tägl. 11–24 Uhr
Auf den Spuren der Völkerschlacht, historische Gasthausbrauerei und Restaurant, Saal für große Feierlichkeiten.

Panorama Tower ➡ bC3
Augustusplatz 9
℡ (0341) 710 05 90
www.panorama-leipzig.de
Mo–Do 11–24, Fr/Sa 11–1, So 9–23 Uhr
Restaurant, Bar und Lounge hoch über dem direkten Stadtzentrum. Vor oder nach dem Essen können die Gäste den schönen Panoramablick von der Dachterrasse in 120 m Höhe auf die gesamte Stadt genießen.

Restaurant Victor's ➡ bD2
Im Victor's Residenz-Hotel

Georgiring 13
℡ (0341) 686 60, www.victors.de
Tägl. 6.30–22.30, Bar 10–1 Uhr
Elegantes Restaurant im Pariser Brasserie-Stil mit internationaler, mediterraner und regionaler Küche. Eine bayerische Bierstube im rustikalen Stil ist angeschlossen. Im Innenhof befindet sich eine Sommerterrasse. In unmittelbarer Bahnhofsnähe.

Ristorante da Vito ➡ G4
Nonnenstr. 11b, Plagwitz
℡ (0341) 480 26 26
www.da-vito-leipzig.de
Mo–So 11.30–24, Fr 18–24 Uhr
Italienische Küche mit hervorragendem Fischangebot, Freisitz direkt an der Elster. Nach dem Dessert folgt eine Fahrt in echt venezianischen Gondeln (Reservierung unter o. a. Rufnummer).

Seeteufel ➡ aD3
Ostuferweg 1, Markkleeberg
℡ (03 41) 350 29 99
www.seeteufel.cc
Direkt am Ufer des Cospudener Sees. Kulinarisches Verwöhnen mit gehobener Küche. Selbstgebackene Kuchen und Torten.

Thüringer Hof ➡ bC2
Burgstr. 19
℡ (0341) 994 49 99
www.thueringer-hof.de
Tägl. 11–24 Uhr

Leipziger Lerche

Im 18. Jh. wurden etwa 1,5 Millionen Feldlerchen jährlich in den Leipziger Auen gefangen, mit Kräutern und Eiern gebacken und mit Sauerkraut oder im Speckmantel serviert und sogar in alle Welt exportiert. Erst 1876 verbot der  sächsische König die Lerchenjagd nach Bürgerprotesten.

Als innovativen Ersatz kreierten Leipziger Bäcker das Mürbeteigtörtchen mit Mandeln, Nüssen und Erdbeerkonfitüre bzw. Marzipan, wobei sie die Form der Singvögel nachahmten. Die Teigstreifen erinnern an die Fäden, mit denen die gefüllte Lerche gebunden wurde. Eine handgefertigte Delikatesse nach geheimer Rezeptur.

Ältestes Leipziger Gasthaus seit 1454, thüringisch-fränkische Spezialitätenküche, historischer Luthersaal und mit Glas überdachter Innenhof.

Varadero ➡ bB2
Gottschedstr. 4
✆ (0341) 9600926
www.varadero-leipzig.de
Mo ab 17, Di–So ab 11.30 Uhr
Kubanische Speisebar mit Tradition in der Kneipenmeile. Gekocht wird vor den Augen der Gäste. Hervorragende Fischgerichte, gutes Cocktail-Angebot.

Yamato ➡ bB2
im Hotel The Westin
Gerberstr. 15
✆ (0341) 2111068 und 9880
www.westin-leipzig.de
Tägl. 12–14 und 18–23 Uhr
Japanische Spitzenküche der Sushi-Kunst. Speisen werden am Tisch zubereitet. Spezialitäten: Sashimi, Tempura und Teppanyaki.

Zills Tunnel ➡ bB2
Barfußgässchen 9
✆ (0341) 9602078
www.zillstunnel.de
Tägl. 11.30–24 Uhr
Traditionsgaststätte mit Freisitz in der Kneipenmeile. Leipziger Küche, Speisekarte auf Sächsisch.

Oberste Preislage:

FALCO Gourmet Restaurant
➡ bA3
Im Hotel Westin
Gerberstr. 15
✆ (0341) 9882727
www.falco-leipzig.de
Di–Sa ab 19 Uhr
»Raritäten in Wein, gelagert in einem Caveau aus Glas, erwärmen mit ihrem Schimmer den Raum. Weiche Teppiche dämpfen den Klang der Schritte. Wände aus Glanz. Licht ohne Ursprung. Dem Himmel ganz nah.« Spitzengastronomie in ausgewähltem Ambi-

Das Gourmet-Restaurant im Gewandhaus: »Stadtpfeiffer«

ente, Panoramablick, FALCO Bar & Lounge (Di–Sa ab 18 Uhr).

Heine ➡ F4
Karl-Heine-Str. 20
✆ (0341) 8709966
www.restaurant-heine.de
Di–Sa 18–24 Uhr
In dem kleinen Restaurant mit gemütlichem Garten fern des Straßenlärms genießen die Gäste edle Speisen und Weine.

Michaelis ➡ G8
Paul-Gruner-Str. 44
✆ (0341) 26780
www.hotel-michaelis.de
Mo–Fr 12–14 und 18–22, Sa 18–22 Uhr
Hervorragendes Hotelrestaurant mit Gault-Millau-Auszeichnung.

Niemanns Tresor ➡ bC2
Thomaskirchhof 20
✆ (0341) 980 09 47
www.niemanns-tresor.de
Di–Sa ab 18.30 Uhr
Spitzenrestaurant in einem ehemaligen Bankhaus. Erstklassige regionale Küche einheimischer Lieferanten.

Restaurant Villers ➡ bA2
Im Hotel Fürstenhof
Tröndlinring 8
✆ (0341) 1400

Mo–Sa ab 18 Uhr, Frühstück ab 6.30 Uhr
Elegantes klassizistisches Ambiente eines Salons des 18. Jh. im Hotel Fürstenhof. Ausgewählte kulinarische Genüsse, feinste internationale Weine. Küche: Nouvelle Cuisine, deutsch, französisch, mediterran.

Schaarschmidts Restaurant ➡ nördl. A9
Coppistr. 32
Gohlis
✆ (0341) 9120517
www.schaarschmidts.de
Mo–Sa 17–24, So 12–24 Uhr
Sächsische und internationale Küche von höchster Qualität, die gute Stube der Leipziger Gaststätten.

Stadtpfeiffer ➡ bC3
Augustusplatz 8
✆ (0341) 2178920
www.stadtpfeiffer.de
Di–Sa ab 18 Uhr, Sommerpause Juli/Aug.
Das Gourmet-Restaurant im Gewandhaus: erstklassige Menüs, Fischkreationen vom Feinsten, edelste Weine, perfekter Service.

Cafés

Café Corso ➡ F9
Brüderstr. 6
✆ (0341) 9603111
www.corsoela.de
Mo–Fr 8–18, Sa 10–17 Uhr
Traditionsreiches Kaffeehaus seit 1912, Bildergalerie zur Historie. Spezialitäten: Baumkuchen und »Leipziger Lerche«.

Café Felicità ➡ F10
Brüderstr. 53
✆ (0341) 9614698
Mo–Fr 9–19, So 10–18 Uhr
Nähe Uni und Bayerischer Bahnhof, absolut preiswert, auch Speisenangebot.

Café Grundmann ➡ H8
August-Bebel-Str. 2
Südvorstadt
✆ (0341) 2228962
www.cafe-grundmann.de
Mo–Fr 8–1, Sa 9–1, So 9–22 Uhr
Leipzigs einziges Wiener Caféhaus im original Art-déco-Stil, eigene Konditorei mit großer Kuchen- und Tortenauswahl, Frühstück und leichte Küche.

Café Kandler ➡ bC2
Thomaskirchhof 11
✆ (0341) 4614954
Tägl. 10–20 Uhr
Das wohl architektonisch schönste Café der Stadt. Selbstgemachte Torten. Spezialität des Hauses: »Leipziger Lerche«. 60 Teesorten im Angebot.

Im Schiller Café in der Schillerstraße

Leipziger Gose

Ein leicht säuerliches obergäriges Bier nach Art eines Weizenbieres mit einem Alkoholgehalt von 4,5 Vol.-% Von Goslar über Dessau gelangte die Gose 1738 nach Leipzig-Eutritzsch. Heute wird in der historischen Schänke »Ohne Bedenken« und in der Brauerei »Bayerischer Bahnhof« Gose angeboten; sie wirkt erfrischend und aphrodisierend zugleich. Spezialitäten sind der »Sonnenschirm« (mit Sirup), der »Frauenfreundliche« (mit Kirschlikör) und der »Regenschirm« (mit Kümmellikör).

Café Maitre ➡ H8

Karl-Liebknecht-Str. 62
☎ (0341) 30 32 89 24
www.cafe.maitre.de
Mo–Sa 9–1, So 10–22 Uhr
Kaffeehaus und Konditorei seit 1903, vom Frühstück bis zum Abendbrot, Torten, Tartes, Cupcakes, Kuchen, Brioches und Croissants.

Café Waldi ➡ F8

Petersteinweg 10
☎ (03 41) 462 56 67
www.cafewaldi.de
Tägl. ab 9 Uhr
Omis Wohnzimmer mit Geweih und Kuckucksuhr trifft auf Indiekultur und elektronische Tanzmusik. Frische und preiswerte Küche. Fr/Sa Tanz.

Gohliser Schlösschen ➡ A7

Menckestr. 23, Gohlis
☎ (0341) 56 29 7 68
www.gohliser-schloss.de
Di–Fr ab 14, Sa/So ab 11 Uhr
Kaffee und Törtchen im barocken Ambiente, Blick auf das Hauptgebäude des Gohliser Schlosses und den Garten. Sonntags mit musikalischer Untermalung, dann gibt's Salonmusik.

Kowalski ➡ G7

Ferdinand-Rhode-Str. 12
☎ (0341) 21 26 02 0
www.das-kowalski.de
Mo–Do, So 9–1, Fr/Sa 9–2 Uhr

Café und Restaurant im Outfit einer großen Studierstube. Originelles Kuchenangebot, Super-Frühstück.

Riquet ➡ bB3

Schumachergässchen 1
☎ (0341) 9610000
www.riquethaus.de
Tägl. 9–20 Uhr
Kaffeehaus im Wiener Stil, wunderschöne Sicht auf Specks Hof und in Richtung Markt. Verführerisch ist das große Angebot an Kuchen und Torten.

Schiller Café ➡ bC3

Schillerstr. 3
☎ (0341) 22 52 82 8
www.schiller-cafe.de
Tägl. 9–1 Uhr
Modernes Kaffeehaus mit Freisitzen. Ideal für die kleine Pause bei der Stadterkundung. Kulturelle Veranstaltungen im kleinen Hofrestaurant.

Zum Arabischen Coffe Baum ➡ bB1

Kleine Fleischergasse 4
☎ (0341) 9610060
www.coffe-baum.de
Tägl. 11–1 Uhr
Café Français, Wiener Café und Arabisches Café: Kaffee- und Kuchenspezialitäten in den oberen Etagen des historischen Gebäudes, davor oder danach ins Kaffeemuseum. ▪

Nightlife: Bars und Lounges, Weinstuben, Kneipen, Clubs und Diskotheken

Besonders am Abend schlägt das Herz der Stadt in den Kneipenmeilen, allen voran auf dem **»Drallewatsch«** ➡ bA–bC2 – ein sächsischer Ausdruck für »erleben, schwofen, feiern«. Das Areal umfasst den Richard-Wagner-Platz, Burgplatz, Große und Kleine Fleischergasse, Matthäikirchhof, Barfußgässchen, Klostergasse, Thomaskirchhof und Burgplatz. Die Nähe des kulturellen Zentrums der Stadt, der Universität und der Stadtverwaltung sorgt für eine frische und bunte Publikumsmischung von Leipzigern und Gästen, Jung und Alt.

Im Schauspielviertel, dem Gebiet um die **Gottschedstraße** ➡ bB1, hat sich wie von selbst die zweite Kneipenmeile entwickelt. Wer kennt nicht die Waschsalon-Kneipe »Mega Pon« als Drehort des Leipziger Tatort-Krimis? Aufgrund der Theaternähe sind im Viertel vorwiegend junge Leute und Künstler anzutreffen.

Die Kneipenmeile der Südvorstadt lässt sich in **Münzgasse** und **Karl-Liebknecht-Straße** ➡ F–K8 aufteilen. Hier verkehren Szene-Publikum, Studenten, Alternative, aber auch der interessierte und neugierige »Normalverbraucher«. In letzter Zeit entwickeln sich auch die **Könneritzstraße** ➡ G5–J4 und die **Karl-Heine-Straße** ➡ F5–G1 hinsichtlich einer eigenen Kneipen- und Kunstidentität.

Bars und Lounges

Barcelona ➡ bB1
Gottschedstr. 12
✆ (0341) 2126128
Mo–Sa ab 18, So ab 10 Uhr
Bar mit Kultstatus im Schauspielviertel. Drinks und Tapas. Hier treffen sich Geschäftsleute, die Theaterszene, aber auch Studenten.

Brick's ➡ bA3
Brühl 52
✆ (0341) 9614327
Tägl. 20–5 Uhr
Bar für gute Cocktails ohne Ende.

FALCO Bar & Lounge ➡ bA3
Im Hotel Westin
Gerberstr. 15
✆ (0341) 9880
www.westin.com/leipzig
Di–Sa ab 19 Uhr
Edelbar »unter den Wolken«, beste Whiskys und edelste Zigarren. Auszeichnungen von Gault Millau und Guide Michelin. Mit Panoramablick über Leipzig bei Nacht.

Jazz-Club

Spizz Keller ➡ bB2
Markt 9
✆ (0341) 9608043
www.spizz.info
Frühstück im Restaurant tägl. ab 9 Uhr, Jazz im Keller Mi ab 20, Fr/Sa ab 22 Uhr
Startpunkt der Kneipenmeile und der Leipziger Treffpunkt überhaupt.

Tonelli's ➡ bC3
Neumarkt 9
✆ 0163-2933001, www.tonellis.de
Speisen tägl. 11.30–14.30 Uhr, Musik, Aufführungen tägl. ab 20 Uhr (vorab informieren)
Blues, Jazz, Folk, Kabarett und Comedy, dienstags Guitar-Night.

Weinstuben

Historischer Fasskeller ➡ bC2
Auerbachskeller, in der Mädlerpassage, Grimmaische Str. 2–4
✆ (0341) 216100

Am Karl-Heine-Kanal

www.auerbachs-keller-leipzig.de
Durch die Erwähnung des Fasskellers in Goethes klassischem Werk »Faust« kann man behaupten, dass es der wohl bekannteste Gastraum Deutschlands ist. Der Keller ist nur mit der Fasskellerzeremonie buchbar. Reservierung erforderlich.

Sankt Benno ➡ G8
Schletterstr. 1
☏ (0341) 249 27 48
Tägl. ab 11.30 Uhr
Alter Gewölbekeller mit historischem Ambiente, sächsische Weine in gemütlicher Atmosphäre, Winzerliköre, Winzersekte, aber auch sächsische Biere.

Vinothek 1770 ➡ bA2
Hotel Fürstenhof
Tröndlinring 8
☏ (0341) 14 00
www.luxurycollection.com/fuerstenhof
170 erlesene Weine aus der ganzen Welt. Sorgfältig zubereitete Cocktails, gehobener Preis.

Weinstock ➡ bB2
Markt 7
☏ (0341) 14 06 06 06
Breites Angebot internationaler und mitteldeutscher Weine, gutbürgerliche Küche.

Weinstube am Brunnen
➡ südl. K2
Dieskaustr. 222, Großzschocher
☏ (0341) 415 05 66
www.weinhandlungmueller.de
Weinstube Di–Sa ab 18, Weinladen Mo–Fr 10–18.30, Sa 10–12.30 Uhr
Absolut fachmännisch, edles Sortiment sächsischer Weine.

Pubs und Kneipen

Café Mule ➡ G1
Spinnereistr. 7, Lindenau
☏ (0341) 35 13 77 5
Mo–Sa ab 9, open end, So 10–18 Uhr
Selbstgebackene Kuchen und täglich zwei Gerichte in der ehemaligen Baumwollspinnerei, originelle Café-Installation in freundlichen Räumen oder im Garten.

Flower Power ➡ G8
Riemannstr. 42
☏ (0341) 961 34 41
www.flower-power.de
Tägl. ab 19 Uhr
Rock und Oldies, Bier und Drinks, kleine Speisen. »Flopo« ist bekannt für lange Nächte.

Hotel Seeblick ➡ K8
Karl-Liebknecht-Str. 125
Südvorstadt

✆ (0341) 303 24 58, 225 39 52
www.hotel-seeblick-leipzig.de
Tägl. 9–5 Uhr
Szene-Kneipe für jede Tageszeit, gute Musik, preiswerte Speisen und Getränke.

Kanal 28 ➡ G1
Am Kanal 28, Plagwitz/Lindenau
✆ (0341) 420 60 70
www.kanal-28.de
Di–Fr ab 11.30, Sa/So ab 10 Uhr
Kneipe und Café am Karl-Heine-Kanal, Station des Dampfers »Weltfrieden«. Idealer Rastplatz für Rad- und Wasserwanderer, preiswerte Gerichte im rustikalen Gastraum oder auf dem Freisitz am Wasser. Sonnabend 10–14 Uhr vegetarischer Langschläferbrunch. Kinderspielplatz.

Killiwilly ➡ H8
Karl-Liebknecht-Str. 44
Südvorstadt
✆ (0341) 213 13 16 und 211 43 22 (an der Bar), www.killiwilly.de
Mo–Fr ab 11, Sa/So ab 14 Uhr
Fast wie in Irland, Guinness-Poster, dunkles Holz, viele Zapfhähne, dicht gefülltes Whiskyregal, Freisitz direkt an der »KarLi«.

Luise ➡ bB1
Bosestr. 4
✆ (0341) 961 14 88
www.luise-leipzig.de
Mo–So ab 9, open end
Beliebter Treffpunkt im Schauspielviertel, breites Spektrum an klassischen und internationalen Speisen, Frühstück von 9–15 Uhr, Freisitz, durchschnittliches Preisniveau.

Mascarpone ➡ bB1
Gottschedstr. 11
✆ (0341) 247 37 37, tägl. 11–24 Uhr
Italienisches Restaurant, Delikatessen, Pizzeria, Vegetarisches.

Morrison's Traditional Irish Pub ➡ bB3
Ritterstr. 38–40

✆ (0341) 961 59 70
www.morrisons-pub.de
Mo–Sa 15–2, So 17–2 Uhr
Authentischer Pub und gutes Restaurant zugleich, 120 Whisk(e)y-sorten, Sonnabend Livemusik.

naTo ➡ H8
Karl-Liebknecht-Str. 46
Südvorstadt
✆ (0341) 391 55 39
www.nato-leipzig.de
Tägl. ab 19 Uhr
Der Szene-Standort im Süden, günstige Speisen und Getränke, anspruchsvolles Kulturgeschehen im Saal des Hauses. Kommunikationszentrum, Cinemathek.

Pazzo ➡ H8
Karl-Liebknecht-Str. 43
Südvorstadt
✆ (0341) 149 42 21
Mo–Sa ab 16, So ab 14 Uhr
Café, Bar und Foodclub, mit Überraschungen: Dienstags entscheidet z. B. Kopf oder Zahl, ob man zahlen muss.

Puschkin ➡ J8
Karl-Liebknecht-Str. 74
Südvorstadt
✆ (0341) 391 01 05
www.cafepuschkin.de
Tägl. ab 9 Uhr, open end
Beliebte Kneipe mit Freisitz mitten auf der »KarLi«, alle Gerichte sehr günstig.

Suedbrause ➡ südl. K9
Karl-Liebknecht-Str. 154
Connewitz
✆ (0341) 391 01 81
www.suedbrause.de
Tägl. ab 9 Uhr
Das ehemalige Brausebad und Lokal, inzwischen Café, Kneipe und Restaurant für alle Gelegenheiten, ist eine preiswerte und gute Adresse.

Vodkaria ➡ bB1
Gottschedstr. 15
✆ (0341) 442 88 68

Die Moritzbastei, auch »MB«, gehört zu den beliebtesten Adressen des Leipziger Nachtlebens

www.vodkaria.de
Tägl. ab 18 Uhr
Gute Speisen und über 600 hochprozentige Wasser aus den Ländern des Wodkas.

Volkshaus ➡ G8
Karl-Liebknecht-Str. 32
Südvorstadt
℗ (0341) 2127222
www.volkshaus-leipzig.de
Tägl. ab 9 Uhr
Beliebte Großkneipe mit Freisitz im Sommer, hier trifft man immer jemanden, den man kennt. Preiswert. Frühstücksbuffet € 4/Person.

Clubs und Diskotheken

In vielen Leipziger Kneipen und Bars steht Livemusik auf dem Programm oder DJs legen Platten auf. Man kann auch in der Moritzbastei, im Flower Power, Spizz, Basamo, Volkshaus oder im Barcelona die Nacht mit Tanz und guter Musik verbringen. Wer abtanzen möchte bis zum Morgen, eine spezielle Musik sucht oder in die alternative Kulturszene abtauchen will, für den sind die folgenden Empfehlungen gedacht.

Alte Damenhandschuhfabrik
➡ H2
Klingenstr. 20
www.damenhandschuhfabrik.de

Do 18–3, Sa 19–5 Uhr
Für Fans der elektronischen Musik in all ihren Spielarten.

Basamo ➡ bD4
Nürnberger Str. 11
℗ (0341) 9607654
www.basamo.de
Tägl. ab 18 Uhr
Afrikanisches Lokal, exotische Speisen und Getränke. Schwarze Musik und Livemusik im »Musi Cave«, Biergarten im Sommer.

Bounce 87 ➡ aD3
Bornaische Str. 210, im Agra Messepark, Südosten
www.bounce87.com
Mo ab 22 Uhr
Megaparty mit Black Music, Beats und HipHop, hoher Schallpegel.

Conne Island ➡ südl. K8
Koburger Str. 3, Connewitz
℗ (0341) 3013028
www.conne-island.de
Termine erfragen
Konzerte und Raves mit bekannten Größen von House bis Drum and Bass.

Dark Flower ➡ bB2
Hainstr. 12–14
℗ (0163) 6330011
www.darkflower.de
Mi–Sa ab 21 Uhr
Der alternative Club mit Elektro, Wave und Gothic.

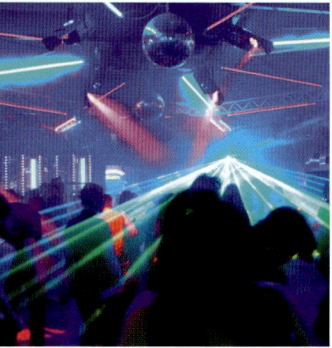

Abtanzen bis zum Morgen

Distillery ➜ J9
Kurt-Eisner-Str. 108 a
Südvorstadt
℡ (0341) 35 59 74 00
www.distillery.de
Fr/Sa ab 23, jeden 2. So ab 18 Uhr
Techno- und House-Club in alter Fabrik, Reggae, Dance, Soul, Electronic und mehr, DJs und Live-Acts.

Ilses Erika ➜ südl. K9
Bernhard-Göring-Str. 152
Connewitz
℡ (0341) 306 51 11
www.ilseserika.de
Mi–So ab 22, Di ab 21 Uhr
Angesagteste Popkultur in Connewitz, im »Haus der Demokratie«, Musik aller Genres, Livemusik und DJs, Konzerte, Lesungen (vorher informieren!).

Kosmospolitan ➜ bB1
Gottschedstr. 1
℡ (0341) 233 44 20
Tägl. ab 21 Uhr, Eintritt frei
Party, Show, Disco, Konzert, Jazz, preiswerte Getränke.

Moritzbastei ➜ bC3
Vgl. S. 43 f.

Nachtcafé ➜ bC2
Petersstr. 39–41 (Interim)
℡ (0341) 211 40 00
www.nachtcafe.com
Mi/Sa ab 22 Uhr

Feines Tanzcafé gegenüber dem Petersbogen, täglich wechselnde DJs. Black and House Music.

Night Fever ➜ bB1
Gottschedstr. 4
℡ (0341) 149 99 90
www.night-fever.net
Fr/Sa ab 22, 1. Do im Monat ab 21, 3. Do im Monat ab 22 Uhr
Klassische Party und Disco bis zum Abwinken – *get the feeling of the 70's and the 80's.*

Twenty One ➜ bB1
Gottschedstr. 2
℡ (0341) 230 76 95
www.twentyone-leipzig.de
Fr/Sa 22 Uhr, open end
Der Disco-Club hat das besondere Flair für einen anspruchsvollen Partyabend.

Velvet ➜ H9
Körnerstr. 68, Südvorstadt
℡ (0341) 303 20 01
www.clubvelvet.de, Fr/Sa ab 23 Uhr
House-Partys in kleinem Club.

Volkspalast ➜ J12
Puschstr. 10
Alte Messe/Halle 16
℡ (0341) 24 16 10
www.volkspalast.tv
Tägl. ab 18 Uhr
Freier Eintritt bis 23 Uhr (außer Sonderveranstaltungen)
Großclub für max. 3000 Personen, Kultur pur und gute Gastronomie: spanische Vinothek, orientalische und karibische Bar, Kaffeebar, Sushibar, Kulturkantine, DJs und Konzerte.

Werk II, Kulturfabrik Leipzig e. V. ➜ südl. K8
Kochstr. 132, Connewitz
℡ (0341) 308 01 40, www.werk-2.de
Termine anfragen
Die Kulturfabrik am Connewitzer Kreuz: zwei Hallen in einer alten Gasmesserfabrik, seit über 10 Jahren Livemusik mit bekannten Größen, Partys und Events. ◼

Kultur und Unterhaltung: Theater, Oper, Konzert, Varieté, Kabarett, Ausstellungen, Kinos

Die vielfältigen kulturellen Traditionen Leipzigs haben eine lebendige Kunst- und Kulturlandschaft hervorgebracht. Musiker wie Johann Sebastian Bach, Felix Mendelssohn Bartholdy, Frederic Chopin, Richard Wagner, Clara und Robert Schumann, das **Gewandhausorchester** und der **Thomanerchor** haben den Weltruf als Musikstadt geprägt. Der geistige Reichtum spiegelt sich auch in den Museen und deren Qualität wieder. Leipzig wurde folgerichtig zur Stadt einer bedeutsamen **Buchmesse**, denn bereits 1481 arbeitete hier eine Druckerei und 1650 erschien die erste Tageszeitung der Welt in Leipzig. Die erfolgreichen Leipziger Bühnen mit Oper, Theater, Ballett und Kabarett rücken Leipzig immer wieder ins Rampenlicht. Und letztlich setzen die Leipziger Hochschulen für Kunst und Musik immer neue Akzente, die sogar Touristen aus den Vereinigten Staaten und Japan anlocken.

Theater, Oper, Konzert

Für den Vorverkauf von **Tickets** gibt es neben des Kassen im Gewandhaus und der Oper (siehe Vista Points) drei weitere gute Adressen: die Ticket-Galerie in der Hainstraße 1, »Culton« im Petersteinweg 9 und die Musikalienhandlung Oelsner in der Schillerstraße 5. In jedem Fall lohnt es sich, zu prüfen, ob Karten online bestellt oder gekauft werden können.

Centraltheater ➽ bB1
Bosestr. 1
✆ (0341) 1268168
www.centraltheater-leipzig.de
Vorverkauf Mo–Fr 10–19, Sa 10–13 Uhr, Tickets € 10–24/11–17, Schüler/Studenten € 7
In seinen drei Spielstätten Centraltheater, Skala und Spinnwerk bietet das Schauspiel neben dem klassischen und zeitgenössischen Repertoire spartenübergreifende Angebote zwischen darstellender und bildender Kunst.

✿ **Gewandhaus** ➽ bC3
Augustusplatz 8
✆ (0341) 1270280, Gruppenbestellungen ✆ (0341) 1270449

www.gewandhaus.de
Kasse Mo–Fr 10–18, Sa 10–14 Uhr
Jährlich 600 Veranstaltungen: Sinfoniekonzerte, Kammerkonzerte, Orgelkonzerte, Gastspiele verschiedener Genres. Monumentales Deckengemälde von Sighard Gille »Gesang vom Leben«. Im Großen Saal 1920 amphitheatrisch angeordnete Plätze, 500 Sitze im Mendelssohn-Saal.

Haus Dreilinden –
Musikalische Komödie ➽ F3/4
Dreilindenstr. 30, Lindenau
✆ (0341) 1261115
www.oper-leipzig.de
Kasse in der Oper Mo–Sa 10–19 Uhr, Abendkasse 1 Std. vor Vorstellung
Klassische und moderne Operetten, Musicals.

Lofft ➽ E3
Lindenauer Markt 21, Lindenau
✆ (0341) 3559955-10
www.lofft.de
Tickets € 6–14/6–8
Im Theaterhaus am Lindenauer Markt, Produktionszentrum und Spielstätte für freie darstellende Kunst, Gastspiele, Festivals.

Oper ➽ bB4
Augustusplatz 12

Illuminierte Oper anlässlich des Leipziger Opernballs im Herbst

℘ (0341) 126 12 61
www.oper-leipzig.de
Kasse Mo–Sa 10–19 Uhr
Drittälteste Oper Europas aus dem Jahre 1693, Gebäude von 1960. 1993 Oper des Jahres in Deutschland, auch innovatives Ballett- und Tanztheater.

Skala ➡ bB1
Gottschedstr. 16
℘ (0341) 126 81 68
www.skala-leipzig.de
Tickets € 12/9, Schüler/Studenten € 7
Die kleine Bühne des Centraltheaters.

Theater der Jungen Welt ➡ E3
Lindenauer Markt 21, Lindenau
℘ (0341) 486 60 16
www.theaterderjungenweltleipzig.de
Tickets € 9/5, Gruppen € 4
1946 als erstes Theaterhaus für Kinder, Jugendliche und Erwachsene im deutschsprachigen Raum gegründet. Absolut günstige Eintrittspreise.

Theater Fact ➡ bB2
Hainstr. 1
℘ (0341) 961 40 80
www.theaterfact.de
Kleine Spielstätte im Barthels Hof.

Varieté, Kabarett, Kleinkunst

Academixer ➡ bC3
Kupfergasse 2
℘ (0341) 21 78 78 78
www.academixer.de
Kabarett, gegründet 1966 als studentische Interessengemeinschaft. Kleinkunstkeller mit 253 Plätzen. Nach Meinung des Kabarett-Urgesteins Dieter Hildebrandt eine der schönsten Kleinkunstbühnen Deutschlands.

Am Palmengarten ➡ E4
An der Kleinmesse, Jahnallee 52
℘ (0341) 225 51 72
www.palmengarten-leipzig.de
Sa/So ab 10, Mo–Fr ab 15 Uhr (an Showtagen)
Kleinkunstbühne und Revuetheater in umgebauter Tankstelle, integrierte Gaststätte mit Biergarten.

Kabarett Leipziger Brettl ➡ bB2
Odermannstr. 12, im Gambrinus
℘ (0341) 961 35 47
www.leipzigerbrettl.de
Vormals »Lindenauer Brettl«, Kabarett seit 1979. Im Sommer Biergarten.

Kabarett Leipziger Pfeffermühle
➡ bB2
In Kretschmann's Hof, Katharinenstr. 17

✆ (0341) 9603196, www.kabarett-leipziger-pfeffermuehle.de
Kasse Mo–Fr 10–20, Sa 15–20 Uhr
Satiriker der ersten Stunde, Gründung 1954.

Kabarett-Theater Leipziger Funzel ➡ bB3
Nikolaistr. 6–10
✆ (0341) 9603232
www.leipziger-funzel.de
Kasse Mo–Sa 10–20 Uhr
Der Kabarett-Keller im Strohsack.

Kabarett-Theater SanftWut
➡ bB2
Grimmaische Str. 2–4
✆ (0341) 9612346
www.sanftwut.de
Kasse Mo–Fr 12–16, Sa 12–15 Uhr
Klassisches Programm-Kabarett.

Krystallpalast Varieté ➡ bC3
Magazingasse 4
✆ (0341) 140660
www.krystallpalast.de
Kasse Mo–Sa 10– 20, So 13–18 Uhr
Das gesamte Spektrum der Kleinkunst: Akrobatik, Chansons, Comedy, Revue …

Ausstellungen und Projekte

Hochschule für Grafik und Buchkunst ➡ F7
Wächterstr. 11, ✆ (0341) 2135149
www.hgb-leipzig.de
Öffnungszeiten des Gebäudes:
Di–Sa 10–17 Uhr
Die 1764 gegründete Einrichtung ist eine der ältesten staatlichen Kunsthochschulen Deutschlands. Berühmte Rektoren waren u. a. Adam Friedrich Oeser, Schnorr von Carolsfeld, Bernhard Heisig, Werner Tübke und Arno Rink. Hier lehrten bedeutende Künstler wie Max Klinger, Max Schwimmer, Wolfgang Mattheuer, Sighard Gille und Neo Rauch. Heute gilt das Haus der »Leipziger Schule« als eine der bedeutendsten Kunstschulen des Landes.

Leipziger Baumwollspinnerei
Vgl. S. 72.

Panometer ➡ aD3/4
Richard-Lehmann-Str. 114
Connewitz
✆ (0341) 3555340, www.asisi.de
Di–Fr 10–17, Sa/So 10–18 Uhr
Eintritt € 10/8,50
Großpanorama in einem stillgelegten Gasometer. Wechselnde Sonderausstellungen, Anruf vorab sinnvoll.

Kinos

Cineding ➡ G3
Karl-Heine-Str. 83, Plagwitz
✆ (0341) 23 95 94 74
www.cineding-leipzig.de
Ausgewähltes Programm in zwei kleinen Räumen, nur abends.

CineStar im Petersbogen ➡ bC2
Petersstr. 44
✆ (03 41) 33 66 30
Ticket-Hotline ✆ (01805) 118811
www.cinestar.de
Großkino mit mehreren Sälen.

Kinobar Prager Frühling
➡ südl. K9
Bernhard-Göring-Str. 152
Connewitz
✆ (0341) 3065333
www.kinobar-leipzig.de
Besondere, nicht kommerzielle Filme, nur abends.

Kino in der naTo ➡ H8
Karl-Liebknecht-Str. 46
Südvorstadt
✆ (0341) 3915539
www.nato-leipzig.de
Einzelaufführungen, Originale mit Untertiteln, nur abends.

Passage Kinos ➡ bB2
Hainstr. 19 a, im Jägerhof
✆ (0341) 2173865
www.passage-kinos.de
Anspruchsvolles Programmkino in kleinen Sälen. ■

Shopping: Märkte, Mode, Bücher, Spezialgeschäfte, Galerien

In der City gibt es keine Einkaufsmeile, keinen »Damm« und keinen »Boulevard«. Die ein Quadratkilometer große, **autofreie Innenstadt** ist ein einziger Einkaufsbereich. Ob in der Grimmaischen Straße, der Petersstraße, auf dem Markt, auf dem Neumarkt oder in den Passagen – Laden reiht sich an Laden. In der City befindet sich ein Drittel aller Leipziger Einzelhandelsunternehmen.

Die kleinen Geschäfte bieten internationale Markenware, aber auch die für Touristen interessanten Produkte regionalen Ursprungs. Hier findet man Weine von Elbe und Unstrut, Flügel und Klaviere von »Blüthner« (im Alten Rathaus), Porzellan aus Meißen (z. B. im Alten Rathaus), Keramik aus der Lausitz und aus Bürgel (in der Königshauspassage) und Unikate Leipziger Kunsthandwerker. Im Leipziger Modedesign weht seit einiger Zeit ein besonders schräger Wind. Beispiele sind der »Candyshop« in der Hain-, »herMan«, »Mrs. Hippie« und »Pussy Galore« in der Karl-Heine-, »Tokyo Joe« in der Industrie-, »Grünschnabel« in der Könneritzstraße und »Rosentreter« im Westwerk. Auch die Liebhaber von Antiquitäten kommen auf ihre Kosten. Falls nach dem Stadtbummel die Sohlen abgelaufen sind, kann Leipzig auf eine Überzahl an Schuhläden verweisen.

Die Filialen der großen Kaufhaus- und Ladenketten entdeckt man beim Stadtrundgang automatisch. Parkplätze rings um den Stadtring garantieren kurze Wege nach dem Einkaufsbummel. Über den inneren Ring kann man mit der Straßenbahn schnell und bequem zum **Hauptbahnhof** gelangen. Wer ausschließlich einkaufen möchte, kann bereits in den »Promenaden« des Bahnhofs sein Paradies finden. 140 Läden und Boutiquen, von der Markenware bis zum Discounter, machen die Wahl zur Qual.

Karl-Liebknecht-Straße ➜ F–K8
Straßenbahn 10, 11 ab Wilhelm-Leuschner-Platz
Die Straße ist weder pompös, noch architektonisch gut gestaltet und komplett saniert. Doch mit ihrer Mischung von Einkaufsstraße, Studentenhochburg, Kneipenmeile und Zentrum alternativen Lebens hat sie ihren eigenen Charme entwickelt. Diesen Charme sollte beim Flanieren und Einkehren jeder für sich selbst entdecken. Die sogenannte KarLi führt vom Zentrum in den Süden, vom Peterssteinweg bis zum Connewitzer Kreuz.

Märkte

Trödelmarkt ➜ aD3
Jeder letzte Sa und So 7–15 Uhr im Agra Messepark in Markkleeberg. Terminnachfrage unter ☎ (0341) 149 41 01 sinnvoll.

Verbrauchermarkt ➜ bA1
Jeden Sa bis ca. 15 Uhr an der Jahnallee.

Wochenmarkt ➜ bB2
Di und Fr 9–17 Uhr auf dem Marktplatz.

Mode

Modeatelier »Graue Maus«
➜ H8
Karl-Liebknecht-Str. 50
Connewitz
☎ (0341) 983 21 70
www.graue-maus.de
Mo/Di, Fr 10–19, Mi/Do 12–19 Uhr

Shopping im Hinterhof in der Katharinenstraße

Individuelles der Modedesignerin Maria Schenke, mit und gegen den Trend.

Silke Wagler Couture ➜ bC2
Thomaskirchhof 20
℡ (03 41) 98 00 9 50
www.silke-wagler.de
Mo–Fr 10–19, Sa 11–16 Uhr
Zeitlose Eleganz, klare Formen und kompromisslose handwerkliche Qualität; von Business- und Abendbekleidung bis Gothic Glamour.

Street- und Clubwear »MOKO (Modekombinat)« ➜ H8
Karl-Liebknecht-Str. 66
Connewitz
℡ (03 41) 80 67 1 98
www.ralfhartmann.net
Der Designer Ralf Hartmann kleidet die Männer ein, von elegant bis sportlich.

Bücher

Comic Combo ➜ G8
Karl-Liebknecht-Str. 2
Südvorstadt
℡ (03 41) 21 24 5 20
www.comiccombo.de
Mo–Fr 11–19, Sa 10–15 Uhr

Kult-Comicladen am Anfang der Szenemeile. Anime, Manga, Brettspiele, Antiquariat und Zeichenbedarf.

Connewitzer Verlagsbuchhandlung ➜ bB3
Schuhmachergässchen 4
℡ (03 41) 960 34 46
www.cvb.de
Mo–Fr 10–20, Sa 10–17 Uhr
Eine der besten Buchhandlungen der Stadt, auf zwei Etagen im Specks Hof. Beste Auswahl und Beratung. Auch kleine Verlage und viele fremdsprachige Titel.

Leipziger Antiquariat ➜ bB3
Ritterstr. 16
℡ (03 41) 211 81 88
www.leipziger-antiquariat.de
Mo–Fr 10–18, Sa 10–14 Uhr
25 000 bis 30 000 Buchtitel geordnet nach Rubriken.

Verlagsbuchhandlung Bachmann ➜ bB2
Markt 1
℡ (03 41) 960 19 22
www.bachmann-buch-leipzig.de
Mo–Sa 10–20, Sa 11–18 Uhr
»Leibzsch-Biecher in Massn, Souwenirs un Gaffeedassn, Seifords Osgar, Gehde, Bach – Alles under eenem Dach«, also Leipzig-Literatur, Miniaturbücher, Leipzig-Souvenirs, Spielkarten, Stadtpläne und über 500 aktuelle und historische Ansichtskarten.

Spezialgeschäfte

Blüthner im Alten Rathaus ➜ bB2
Markt 1
℡ (03 41) 960 32 45
www.bluethner.de/leipzig
Mo–Fr 10–19, Sa 10–16 Uhr
Klaviere, Flügel, Noten, Klassik-CDs, Klavierabende. Am »Blüthner« spielten schon Franz Liszt, Sergej Rachmaninow, Claude Debussy, Max Reger, Hans Eissler, Arthur Rubinstein.

Echt Bürgeler Keramik ➡ bB2
Königshauspassage Markt 17
Nähe Mädlerpassage
℗ (0341) 9607906
www.toepferei-buergelhaus.de
Mo–Fr 10–19, Sa 10–18 Uhr
Die Blau-weiß-Motive aus der berühmten Keramikstadt. Traditionelles Gebrauchsgeschirr und neue Kreationen.

Herrmann Modellbahnen ➡ bC2
Burgstr. 4
℗ (0341) 9611249
www.herrmann-modellbahnen.com
Mo–Fr 10–18, Sa 10–14 Uhr
Modellbahnen-Geschäft seit 1963. Gute Adresse für alte DDR-Bestände.

Legler Holz- und Drechselwaren
➡ aC2
Ludwigsburger Str. 9, im Allee Center
℗ (0341) 902348
www.hodrewa.de
Mo–Sa 9.30–20 Uhr
Originale aus dem Erzgebirge. Vom Räuchermann bis zur Adventspyramide (vom *Raachrmannl* bis zur *Peremed*).

Meissener Porzellan im Alten Rathaus ➡ bB2
Bodo Zeidler GmbH
Markt 1
℗ (0341) 9601714
www.bodo-zeidler.de
Mo–Fr 10–19, Sa 10–16 Uhr
Das autorisierte Fachgeschäft führt das gesamte Sortiment der Staatlichen Porzellanmanufaktur Meissen.

Musikalienhandlung M. Oelsner
➡ bC3
Schillerstr. 5
℗ (0341) 9605200
www.m-oelsner.de
Mo–Mi, Fr 9–18.30, Do 9–19, Sa 9–13 Uhr
Noten, Blockflöten, Klassik-CDs, Konzert- und Theaterkarten. Die Musikalienhandlung, die es seit 1860 gibt, hat mittlerweile Kultstatus.

Sächsische Pfeifenstube ➡ bD2
Petersteinweg 5
℗ (0341) 2124938
www.pfeifenstube.de
Mo–Fr 10–19, Sa 10–14 Uhr
Seit 1997 der Laden für Tabak, Pfeifen und Zigarren. Devise: Das Leben ist zu kurz, um schlechten Tabak zu rauchen!

Thomasshop ➡ bC2
Thomaskirchhof 18
℗ (0341) 22224-200
thomasshop@thomaskirche.org
Mo–Sa 10–18, So 11–18 Uhr
Alles rund um Bach: CDs, DVDs, Bücher, exklusive Präsente, Postkarten, Souvenirs, Textiles, Gaumenfreuden und viele Artikel für Kinder.

Galerien

Leipzigs Künstler und Galerien sind Besuchermagnete. Einen besonderen Ruf über die nationale Kunstszene hinaus hat sich die **Leipziger Baumwollspinnerei** erworben, wo auf einem ehemaligen Industriegelände Künstler, Galeristen und andere Kulturschaffende arbeiten.

Zweimal im Jahr laden die Galerien und Künstler zum Tag der offenen Tür ein.

Leipziger Baumwollspinnerei
➡ G1
Spinnereistr. 7, Halle 20, Lindenau
℗ (0341) 4980200
www.spinnerei.de
Di–Sa 11–18 Uhr, Führungen vereinbaren unter ℗ (0341) 4784141

ASPN ➡ G1
Spinnereistr. 7, Halle 4, Lindenau
℗ (0341) 9600031
www.aspngalerie.de
Di–Fr 12–18, Sa 11–16 Uhr

Junge Künstler, junge Absolventen, von Leipzig bis Tokio.

Bodo W. Hellmann FINE ART
➡ F6
Ferdinand-Lassalle-Str. 22
☎ (03 41) 94 01 67 33
www.galerie-fine-art.net
Mo–Do 10–20, Fr 10–18 Uhr
Galerie, Kunsthandel und Auktionen, vier Ausstellungen im Jahr.

Dogenhaus Galerie ➡ G1
Spinnereistr. 7, Halle 4, Lindenau
☎ (03 41) 96 00 05 4
www.dogenhaus.de
Zeitgenössische Kunst, ca. sechs Ausstellungen im Jahr. Künstler sind u.a. Joe Amrhein, Hartwig Ebersbach, Ati Maier und Rebecca Wilton.

Galerie b2 ➡ G1
Spinnereistr. 7, Halle 20
Lindenau
☎ (03 41) 478 47 47
www.galerie-b2.de
Mi–Fr 13–18, Sa 11–17 Uhr
Avantgardistisches. Überraschen lassen!

Galerie EIGEN+ART ➡ G1
Spinnereistr. 7, Halle 5, Lindenau
☎ (03 41) 960 78 86
www.eigen-art.com
Di–Sa 11–18 Uhr
Bekannte Namen wie Tim Eitel, Martin Eder, David Schnell und Neo Rauch.

Galerie Kleindienst ➡ G1
Spinnereistr. 7, Halle 3, Lindenau
☎ (03 41) 477 45 53
www.galeriekleindienst.de
Di–Fr 13–18, Sa 11–15 Uhr
Bekannte Namen wie Tilo Baumgärtel, Christoph Ruckhäberle, Timm Rautert und Erasmus Schröter.

galerie.leipziger-schule ➡ C12
Hedwigstr. 1–3, Neustadt
☎ (03 41) 697 40
www.galerie.leipziger-schule.de
Tägl. 10–20 Uhr, Führungen Fr 17 Uhr (ca. 45 min.)
Hotelgalerie und Sammlung mit Schwerpunkt »Leipziger Schule«.

Galerie am Sachsenplatz ➡ bB2
Katharinenstr. 11 (1. Etage)

Neue Leipziger Schule?
Im Jahr 2004 verstarben Werner Tübke und Wolfgang Mattheuer, 2011 starb Bernhard Heisig, drei wichtige Maler der alten Leipziger Schule, die den guten Ruf der Leipziger Hochschule für Grafik und Buchkunst begründet hatten. Nach der Wende herrschte unter den etablierten Leipziger Malern und Grafikern Verunsicherung über das bisherige Schaffen und das Finden eines neuen eigenen Profils.

Diese Verunsicherung scheint längst vorüber: Man spricht inzwischen über eine »Neue Leipziger Schule«, die ihren Weg gefunden hat, die selbstbewusst auftritt und international erfolgreich ist. Die scheinbar einzige Verbindung zur alten Leipziger Schule besteht im exzellenten zeichnerischen Können der in Leipzig ausgebildeten Künstler. Sicher ist dies dem Wirken von erfahrenen Hochschullehrern wie Arno Rink und Sighard Gille zu verdanken, die einer handwerklichen Perfektion einen hohen Stellenwert beimessen. Die Fachklassen für Malerei und Grafik können sich vor Bewerbungen kaum retten. Auch Neo Rauch, dessen Arbeiten in den USA Höchstpreise erzielen, war in den 1990er-Jahren künstlerischer Assistent bei Arno Rink.

Junge Kunst aus Leipzig ist wieder da – mit Namen wie Tim Eitel, Christoph Ruckhäberle, Tilo Baumgärtel und David Schnell.

Galerie EIGEN+ART auf dem Gelände der ehemaligen Leipziger Baumwollspinnerei

☏ (03 41) 96 02 27 6
www.galerieamsachsenplatz.de
Mi 15–20, Do/Fr 13–18, Sa 11–16 Uhr
Leipzigs Traditionsgalerie seit über 35 Jahren.

Halle 14 – Stiftung Federkiel ➡ G1

Spinnereistr. 7, Halle 14, Lindenau
☏ (03 41) 492 42 02
www.federkiel.org
www.halle14.org
Do–So 12–18 Uhr
Zeitgenössische Kunst- und Kulturprojekte, Ausstellungen und Workshops.

Hochschule für Grafik und Buchkunst ➡ F7

Wächterstr. 11
☏ (03 41) 213 51 49
www.hgb-leipzig.de
Öffnungszeiten des Gebäudes:
Di–Sa 10–17 Uhr

Klinger Forum ➡ F5

Karl-Heine-Str. 2
☏ (03 41) 98 99 84 00
www.klingerforum-leipzig.de
Ausstellungen und Kulturveranstaltungen zu klassischer und zeitgenössischer Leipziger Kunst in der ehemaligen Max-Klinger-Villa mit englischem Garten.

maerzgalerie ➡ G1

Spinnereistr. 7, Halle 6, Lindenau
☏ (03 41) 998 59 71
www.maerzgalerie.com
Di–Fr 11–18, Sa 11–16 Uhr
Bekannte Namen wie Hans Aichinger, Aris Kalaizis, Miriam Vlaming.

Westwerk ➡ G2/3

Karl-Heine-Str. 85–93, Plagwitz
☏ (03 41) 926 17 00
www.westwerk-leipzig.de
Neue Ansiedlungen von Ateliers und Galerien in Gründerzeit-Fabriken am Karl-Heine-Kanal. Mit Paddelbootverleih, Biergarten und einer Bühne. ▪

Ausstellung in der Galerie Kleindienst

Mit Kindern in der Stadt: Museen, Theater, Tier- und Vergnügungsparks, Events

In den Parks und Gärten der Stadtbezirke sind Kinderspielanlagen selbstverständlich. Hervorzuheben sind der **Kinderspielplatz** im Clara-Zetkin-Park nahe der Galopprennbahn Scheibenholz und die **Skateboard-Anlage** am Richard-Wagner-Platz. Für Familien mit Kindern sind neben dem Zoo und dem Vergnügungspark Belantis der Wildpark bei Markkleeberg und das Naturkundemuseum im Zentrum der Stadt besonders zu empfehlen.

Museen

Museum für Druckkunst ➜ G4
Nonnenstr. 38, Plagwitz
Straßenbahn 14 (Nonnenstraße)
✆ (0341) 23 16 20
www.druckkunst-museum.de
Mo–Fr 10–17, So 11–17 Uhr
Eintritt € 4/1,50
Hier kann man verfolgen, wie eine Drucksache entsteht, von der Idee bis zum Verpacken. Näher dran kommt man nirgendwo.

Naturkundemuseum ➜ bB2
Lortzingstr. 3
Straßenbahn 4, 7, 12, 15 (Goerdelerring)
✆ (0341) 98 22 10, www.leipzig.de/naturkundemuseum
Di–Do 9–18, Fr 9–13, Sa/So 10–16.30 Uhr
Eintritt € 2/1
Die Leipziger Landschaft mit ihren Tieren und Pflanzen, von der Steinzeit bis heute. Eine echte Alternative zum Gameboy. Gar nicht verstaubt.

Oldtimermuseum – Da Capo ➜ G2
Karl-Heine-Str. 105, Plagwitz
Straßenbahn 14 (Gießerstraße)
Bus 60 (Bahnhof Plagwitz)
✆ (0341) 926 01 37
www.michaelis-leipzig.de
Mi–Sa 11–18, So 10–18 Uhr
Eintritt € 3/2
Eine große Oldtimersammlung. Da schlagen Kinderherzen höher, und die der Väter auch.

Theater

Theater der Jungen Welt
Vgl. S. 66.

Puppentheater Sterntaler ➜ bD5
Talstr. 30
✆ (0341) 961 54 35, www.puppentheater-sterntaler.de
Puppenspiel für Kinder, Jugendliche und Familien.

Theater im Globus ➜ östl. F14
Kelbestr. 3, Stadtgut Mölkau
✆ (0341) 23 88 01 89
www.theatreart.de
Figuren-, Objekt- und anderes Theater für Familien. Ponyreiten, Kutschfahrten, Tiergehege, Gutspark.

Tier- und Vergnügungsparks

Belantis Vergnügungspark ➜ aE3
Zur Weißen Mark 1, Knauthain
✆ (01378) 40 30 30
www.belantis.de
April–Okt. tägl. 10–18 Uhr (genaue Zeiten erfragen, da an einzelnen Tagen geschl. oder länger geöffnet)
Eintritt pro Tag € 25,90, Kinder € 23,90 (1–1,45 m Körpergröße; unter 1 m frei), Familienticket € 23,90/Person
Auf 25 ha Fläche mit 60 000 m^2 Wasserfläche gibt es zunächst sechs Themenbereiche in schön gestalteter Landschaft: Tal der Pharaonen, Strand der Götter,

Das mit einem Löwenkopf geschmückte Eingangstor des Zoologischen Gartens

Insel der Ritter, Land der Grafen, Küste der Entdecker und Prärie der Indianer.

Wildpark im Connewitzer Holz
Vgl. S. 77.

Zoologischer Garten
Vgl. S. 47.

Events und Sonstiges

Die Villa ➡ bB1
Lessingstr. 7
℡ (03 41) 355 20 40
www.villa-leipzig.de
Mo–Fr 14–21 Uhr
Das zentrumsnahe Haus versteht sich als soziokulturelles Zentrum und offener Kinder- und Jugendtreff.

Mit über 100 Veranstaltungen pro Woche und der größten Angebotsvielfalt für alle Altersgruppen in verschiedenen Genres gilt es als Top-Adresse in der Stadt. Hier wurden die ersten Comic- und Graffitiworkshops veranstaltet, die erste stadtweite Schülerzeitschrift und das erste Videomagazin der Jugendlichen erschienen hier. Kids und junge Leute finden gut ausgestattete Veranstaltungsräume, einen Medienbereich, eine Fahrrad-Selbsthilfe-Werkstatt und das Jugend-Café »Neulicht«.

City-Hochhaus – Aussichtsplattform
Vgl. S. 40.

Internationales Badewannen-rennen
Vgl. S. 86.

Internationales Seifenkisten-rennen Prix de Tacots
Vgl. S. 86.

Kleinmesse
Vgl. S. 88.

Leipziger Wasserfest
Vgl. S. 87. ■

Erholung und Sport: Parks und Gärten, Aktivitäten, Wellness, Strände, Bäder, und Saunen, Bootsverleih

Auch in sportlicher Hinsicht kann Leipzig punkten. Hier hat nicht nur Friedrich Ludwig Jahn gewirkt, hier wurde auch der Deutsche Fußballbund gegründet. Die Stadt bietet ein funktionierendes Vereinsleben, große Aktivitäten im Leistungs- und Breitensport und attraktive Sportstätten. Der Größe Grünanteil an der Stadtfläche und die neue Seenlandschaft ermöglichen auch im Alltag die aktive Erholung der Leipziger und ihrer Besucher.

Parks und Gärten

Clara-Zetkin-Park ➡ F/G 6/7
Ferdinand-Lassalle-/Friedrich-Ebert-/Karl-Tauchnitz-Straße
Straßenbahnen 1, 2, 8, 9; Bus 89
Die 125 ha-Parkanlage vereint den Johannapark, den Palmengarten, den Volkspark Scheibenholz und den Albertpark. Wenn man das Stadtzentrum in Höhe des Neuen Rathauses nach Westen verlässt, befindet man sich sofort in einer großzügig angelegten Parklandschaft. Alle Anlagen haben ihren Ursprung bereits in der zweiten Hälfte des 19. Jh. und gelten noch heute als bedeutsame Gestaltungsbeispiele.

Der Park beherbergt Cafés und Biergärten, eine Freilichtbühne und einen attraktiven Spielplatz. Die Anton-Bruckner-Allee hat sich zu einem bevorzugten Treffpunkt der Skater entwickelt.

Rosental ➡ A–C 5–7
Waldstraße, Zöllnerweg, Emil-Fuchs-Straße
Straßenbahnen 1, 3, 4, 7, 9, 12, 15
Das Rosental ist eine beliebte Parkanlage, in der sich sogar August der Starke ein Lustschloss bauen lassen wollte (was die Leipziger zu verhindern wussten). Heute ist das 118 ha große Gebiet ein Landschaftspark im englischen Stil mit vielfältigem

Leipzig ist bekannt für seine ausgedehnten Parks: Blick auf City-Hochhaus und den Turm des Neuen Rathauses

Tier- und Pflanzenbestand. Seine sogenannte große Wiese grenzt an den Zoo. So können die Spaziergänger Giraffen, Kamele und Lamas bestaunen. Auf dem Rosentalhügel, dem »Scherbelberg«, befindet sich ein 20 m hoher Aussichtsturm für den Blick auf den nördlichen Stadtteil und auf das Waldstraßenviertel.

Wildpark im Connewitzer Holz
➡ südl. K6
Koburger Str. 12 a
Straßenbahn 9, Bus 107
Auf 42 ha wurden für 36 heimische Tierarten Gehege in weiträumiger, artgerechter Haltung angelegt. Besonders von Familien wird dieses stadtnahe Park- und Waldgebiet zur Erholung genutzt. Freier Eintritt. Rad- und Wanderwege.

Zoologischer Garten
Vgl. S. 47.

Aktivitäten

Kanupark Markkleeberg ➡ aE4
Wildwasserkehre 1
Markkleeberg Auenhain
✆ (03 42 97) 14 12 91, www.kanupark-markkleeberg.com
Mo–Fr 10–18 Uhr (Zeiten erfragen)
Modernste Wildwasseranlage in Europa: z. B. Wildwasser-Rafting (€ 38), Wildwasser-Kajak (ab € 15/Std.), Tubing (€ 25/Std.), Hydrospeed (Kurs € 99).

Kletterhalle NoLimit ➡ aB3/4
Dessauer Str. 2, Eutritzsch
✆ (0341) 909 67 22
www.kletterhalle-leipzig.de
Tägl. 10–23 Uhr
Tageskarte € 9,50/5
Kletterspaß in Mitteldeutschlands größter Indoor-Halle. Über 200 verschiedene Routen, Wandhöhe 16 m, Hallengröße 1000 m². Selbstständiges Klettern setzt Erfahrung voraus.

Matchball Sportcenter ➡ aC2
Lützner Str. 175, Grünau
✆ (0341) 495 57 55
www.matchball-leipzig.de
Mo–Fr 7.50–0.30, Sa/So 8.50–23 Uhr
Tennis, Badminton, Squash, Tischtennis, Sauna.

Sport- und Freizeitpark Paunsdorf ➡ aC5
Schongauer Str. 37, Paunsdorf
✆ (0341) 25 94 60
www.sportpark-paunsdorf.de
Mo–Fr 9–22, Sa 10–18, So 9–20 Uhr
Unterschiedliche Preise für die Sportarten Tennis, Squash, Badminton, Sauna. Bitte erfragen.

Wakeboard- & Wasserskilift
➡ aD2
Seestr. 7, Grünau, Kulkwitzer See
✆ (0341) 225 69 52
www.wasserski-leipzig.de
Mo–So 13–20 Uhr, ab € 13
Wassersport in einem der klarsten und saubersten Seen Deutschlands.

Wellness

Lindner Hotel Leipzig
➡ westl. C1
Hans-Driesch-Str. 27, Leutzsch
✆ (0341) 447 80
www.lindner.de
Umfassende Angebote an ausgewählten Wellness-, Fitness- und Beauty-Programmen.

Inklusive Fahrradtouren im angrenzenden Stadtwald.

Sawadee Wellnessmassagen
➡ bB1

Gottschedstr. 6
☏ (0341) 2259466
www.sawadee-wellnessmassagen.de
Mo–Sa 12–21 Uhr
Klassische Massage, traditionelle Thaimassage, Shiatsu, Hot-Stone-Massage, Fußreflexzonenmassage. Erfahrene Masseure in der Leipziger Innenstadt.

Floatzone ➡ nördl. A7

Trufanowstr. 33, Gohlis
☏ (0341) 5611024
www.floatzone.de
Mo–Fr 10–21 Uhr, Sa/So auf Anfrage
Dem Alltag entschweben: Entspannungsbehandlung, Spa-Programme.

Strände, Bäder und Saunen

❻ Neuseenland ➡ aD–aF 1–5

Im Leipziger Land entsteht seit Jahren eine attraktive Seenlandschaft mit künftig rund 70 km^2 Wasserfläche. Die Seen laden ein zum Baden, Segeln, Surfen, Tauchen, Angeln und Bootfahren. Die stillgelegten Tagebaue

Aus der Vogelperspektive: der Kulkwitzer See

verbindet ein verzweigtes Netz von Rad-, Reit- und Wanderwegen durch Wälder und Parks. In der warmen Jahreszeit laden die Strände des Cospudener, des Markkleeberger und des Kulkwitzer Sees sowie der Schladitzer Bucht zu sportlicher Betätigung oder zum Entspannen ein.

Tourismusverein Leipziger Neuseenland e. V.
☏ (03 4338) 73197
www.leipzigerneuseenland.de

Sachsentherme ➡ aC5

Schongauer Str. 19, Paunsdorf
☏ (0341) 259992-0
www.sachsen-therme.de
Tägl. 10–23 Uhr
Eintritt bis 3 Stunden € 17/7,50, Familien € 27, Sauna € 3
Erlebnisbad mit mehreren Becken und Saunen.

Sport- und Freizeitbad Grünauer Welle ➡ aC2

Stuttgarter Allee 7, Grünau
☏ (0341) 4152990
www.sportbaeder-leipzig.de
Di–So Uhr (für Schwimmbecken, Freizeitbereich und Sauna unterschiedlich – anfragen)
Eintritt bis 3 Stunden € 8,50/7
Erlebnisbad mit mehreren Becken und Saunen.

Sauna im See ➡ aD3

Hafenstr. 19
Markkleeberg-Cospudener See
☏ (0341) 3585077
www.sauna-im-see.de
Tägl. 10–23, Mi 10–13.45 Uhr nur Frauensauna
Eintritt € 13/5
Das Saunagebäude ruht auf 16 Pfeilern im See und ist über einen Steg erreichbar. Aus den Kajüten der 100-°C-Seesauna genießt der Besucher den Blick auf den See und den Segelboothafen. Nach dem Saunieren folgt die Erfrischung direkt im sauberen Cospudener See.

In der Schleuse Connewitzer Wehr

Bootsverleih

Die Leipziger Flüsse, Kanäle und Seen erlauben Touren, ohne große Anfahrten. Es gibt die Möglichkeit, die verbundenen Wasserwege selbst zu erkunden, geführte Touren oder Rundfahrten zu unternehmen. Für Rundfahrten, vor allem in Gruppen, empfiehlt sich die Anmeldung vorab. Von allen Bootsverleihern werden Routenempfehlungen ausgesprochen und Sicherheitshinweise erteilt.

Bootshaus »Karl-Heine-Kanal«
➡ G2
Karl-Heine-Str. 93, Plagwitz
✆ 0163-4854180
www.paddeln-leipzig.de
Faltbootverleih.

Bootshaus Klingerweg ➡ F5
Klingerweg 2, Schleußig
✆ (0341) 4806545
www.bootstour-leipzig.de
April–Okt. Mo–So 10–18 Uhr
Ab € 6 pro Stunde und Boot
Ruderboote, Kajak, Canadier, Motorbootfahrten; Kanu-Schnuppertraining für Kinder Di und Do 16 Uhr.

Bootsverleih Herold ➡ J4
Antonienstr. 2
Kleinzschocher
✆ (0341) 4011059
www.bootsverleih-herold.de
Tägl. außer im Winter 10–19 Uhr
Motorbootrundfahrten mit Anmeldung unter ✆ (0341) 4801124,
€ 10 pro Person, Dauer 70 Min.

Leipziger Kanu-Club ➡ südl. K4
Pistorisstr. 66
Kleinzschocher
✆ (0341) 4014961 und 4803152
www.kc-leipzig.de
Sa 13–18, So 10–18 Uhr
Ab € 20 pro Tag und Boot
Ausgeliehen werden Kajaks, Kanadier und Drachenboote. Anruf vorab ist zu empfehlen.

Solarboote am »Leipziger Eck«
➡ J7
Schleußiger Weg 2b
Südvorstadt
✆ 01802-572572
Mo–Fr 14–18, Sa/So 10–18 Uhr
Die Motorleistung der »Sonnenflitzer« sichert den Einsatz gegen die vorhandene Strömung. Auch Fahrräder können ausgeliehen werden. ▪

Daten zur Stadtgeschichte

7. Jh. Die slawische Siedlung »Lipsk«, der »Ort bei den Linden«, wird während der Völkerwanderung gegründet.

1015 Die Anlage »urbs Libzi« findet erste urkundliche Erwähnung.

Um 1165 Markgraf Otto der Reiche von Meißen verleiht das Stadtrecht für die Burg und den Burgvorort Libzi.
Die »Stadt- und Pfarrkirche St. Nikolai« wird gegründet.

1212 Thomaskloster, Thomaskirche und Thomasschule werden errichtet.

1254 Der Thomanerchor findet erste urkundliche Erwähnung.

1409 Die Stadt gründet die Universität Leipzig im Thomaskloster.

1497 Kaiser Maximilian I. erteilt Privilegien für die Leipziger Messen. 1507 werden diese nochmals erweitert, sodass weitere Messen im Umkreis bis 250 Kilometern untersagt sind. Die Erfolgsstory des Leipziger Handelsplatzes beginnt.

1519 Disputation in der Hofstube der Pleißenburg zwischen Johann Eck, Andreas Bodenstein von Karlstadt und Martin Luther, theologisches Streitgespräch über die Rolle des Papstamtes.

1539 Martin Luther führt die Reformation in der Stadt ein.

1557 Bürger- und Baumeister Hieronymus Lotter weiht das Alte Rathaus am Markt ein.

1595 Der erste Leipziger Messekatalog wird gedruckt.

1632 König Gustav II. Adolf von Schweden fällt in der Schlacht bei Lützen vor den Toren Leipzigs.

1637 Die Pest wütet in der Stadt. 4000 der 20 000 Einwohner kommen ums Leben.

1642 Die schwedischen Truppen besetzen Leipzig im Dreißigjährigen Krieg bis 1650.

1650 Die weltweit erste Tageszeitung erscheint in der Stadt.

1693 Das erste Leipziger Opernhaus wird eröffnet.

1701 Georg Philipp Telemann gründet das »Collegium musicum« als einen Vorläufer der ab 1743 stattfindenden Gewandhauskonzerte.

1723 Johann Sebastian Bach wird Kantor der Leipziger Thomaskirche. Er führt die Arbeit bis zu seinem Tod 1750 fort.

1746 Gotthold Ephraim Lessing studiert bis 1748 Theologie, Philologie und Medizin in Leipzig.

1764 Der Maler, Bildhauer und Kupferstecher Adam Friedrich Oeser gründet die Kunstakademie.

Büste von Johann Sebastian Bach in der Leipziger Nikolaikirche

1765 Der junge Goethe weilt als Jura-Student bis 1768 in der Stadt.

1813 Richard Wagner wird in Leipzig geboren.
Rund um Leipzig tobt die Völkerschlacht. Die verbündeten Truppen siegen am 18. Oktober über Napoleons Armee. Die Stadt hat zu diesem Zeitpunkt 30 000 Einwohner. Dieser Zahl stehen 125 000 getöteten Soldaten und Zivilisten gegenüber.

Ansicht von Leipzig auf einem Kupferstich von Georg Braun und Frans Hogenberg (Köln, 1572)

1824	Die letzte öffentliche Hinrichtung findet auf dem Marktplatz statt.
1825	Der Börsenverein der Deutschen Buchhändler wird gegründet.
1826	Die Firma Brockhaus beginnt mit der industriellen Herstellung von Büchern.
1828	Philipp Reclam gründet den Reclamverlag.
1835	Felix Mendelssohn Bartholdy ist bis 1847 Kapellmeister des Gewandhauses und leitet den Beginn der modernen Bach-Rezeption ein.
1839	Die erste große deutsche Ferneisenbahnlinie zwischen Leipzig und Dresden wird fertiggestellt.
1843	Felix Mendelssohn Bartholdy und Robert Schumann gründen das Konservatorium, die erste Musikhochschule Deutschlands.
1846	Aus Anlass des 200. Geburtstages von Gottfried Wilhelm Leibniz wird die Sächsische Akademie der Wissenschaften gegründet.
1854	Der rasante industrielle Aufschwung westlich der Stadt beginnt. Plagwitz entwickelt sich zum ersten planmäßig erschlossenen und entwickelten Industriegebiet Deutschlands.
1863	Ferdinand Lassalle gründet in Leipzig den »Allgemeinen Deutschen Arbeiterverein«, den Vorreiter der deutschen Sozialdemokratie.
1868	Eröffnung des Neuen Theaters auf dem Augustusplatz.

Leipziger Markt 1804, von der Peterstraße aus gesehen

1869   Die Firma Mey & Edlich begründet in Plagwitz das erste deutsche Versandhaus.

1870   Die Einwohnerzahl überschreitet die Marke 100 000, Leipzig bekommt offiziell den Rang einer Großstadt.

1878   Der Zoologische Garten Leipzig, heute einer der ältesten und artenreichsten der Welt, wird unter Leitung von Ernst Pinkert eröffnet.

1879   Leipzig ist die drittgrößte Stadt Deutschlands. Die Stadt baut in den Folgejahren unter dem Baudirektor Hugo Licht ihre bedeutenden Messehäuser, das Neue Rathaus, das Bankgebäude an der Petersstraße 43, die Kunstakademie, die Bauten der Universität und das Reichsgericht.

1895   Die erste Mustermesse findet statt und ersetzt die bisher üblichen Warenmessen.

1903   Der VfB Leipzig wird erster deutscher Fußballmeister.

1911   Der erste Leipziger Flughafen geht in Betrieb.

1913   Die Deutsche Bücherei und das Völkerschlachtdenkmal werden eingeweiht.

1915   Der Hauptbahnhof, der damals größte Bahnhof des europäischen Festlands, wird in Betrieb genommen.

1918   Leipzig ist Gastgeber der weltweit ersten technischen Messe.

1924   Der Mitteldeutsche Rundfunksender nimmt seinen Betrieb auf.

1929   Das Grassimuseum am Johannisplatz, die Leipziger »Museumsinsel«, öffnet seine Ausstellungsräume und Gärten.

1933   Im Reichsgericht (heute Bundesverwaltungsgericht) findet der Reichstagsbrandprozess statt.

1938   In der Kristallnacht am 9. November werden sieben jüdische Synagogen durch Brandstiftung zerstört. Für 13 000 jüdische Leipziger beginnt die Verfolgung und Vernichtung durch die Nationalsozialisten.

1943   Schwere englische Luftangriffe legen am 4. Dezember die Stadt zu großen Teilen in Schutt und Asche. Zwei Drittel der Universität, neun Kirchen und achtzig Prozent der Messeanlagen werden zerstört.

Besichtigungsfahrt zum Völkerschlachtdenkmal

Montagsdemo auf dem Goerdelerring am 16. Oktober 1989

1945 Die US-Truppen marschieren am 18. April ein. Ab 2. Juli steht Leipzig unter sowjetischer Hoheit.

1953 Demonstrationen gegen die SED-Regierung am 17. Juni.

1956 Das Zentralstadion mit 100 000 Plätzen wird als größte deutsche Sportstätte auf den Kriegstrümmern der Stadt fertiggestellt.

1960 Die Oper am Augustusplatz wird an der Stelle des im Krieg zerstörten Neuen Theaters eröffnet.

1968 Das Ulbricht-Regime veranlasst die Sprengung der Paulinerkirche.

1972 Das Universitätshochhaus, heute City-Hochhaus, wird fertiggestellt. Es wird zum modernen Wahrzeichen.

1981 Das neue Gewandhaus des Architekten Rudolf Skoda wird mit Beethovens 9. Sinfonie unter Leitung von Kurt Masur eröffnet.

1989 Mit Gebeten in der Nikolaikirche und friedlichen Demonstrationen auf dem Leipziger Stadtring leiten die Bürger den Prozess der Wende ein, der zum Sturz des SED-Regimes und zur deutschen Einheit führt.

1992 Südlich der Stadt beginnt die Sanierung der Tagebaulandschaft zu einem riesigen Erholungsgebiet – »Neuseenland«.

1996 Die Neue Messe im Norden der Stadt ist fertiggestellt, der neue Flughafen Leipzig-Halle wird übergeben.

1997 Der rekonstruierte Leipziger Hauptbahnhof öffnet.

2002 Die wieder errichtete Bibliotheca Albertina, eine der ältesten und größten Universitätsbibliotheken Deutschlands, wird eröffnet.

2004 Die Neubauten des Zentralstadions und des Museums der bildenden Künste werden eröffnet.

2008 Das europäische Luftfrachtdrehkreuz der Posttochter DHL eröffnet auf dem Flughafen Leipzig/Halle seinen Betrieb.

2009 Die Leipziger Universität, die zweitälteste Deutschlands mit durchgängigem Lehrbetrieb, feiert ihren 600. Geburtstag.

2011 Im Leipziger Zoo wird Europas größte Tropenhalle »Gondwana« eröffnet.

2013 200. Jahrestag der Völkerschlacht zu Leipzig.

Service von A–Z

Leipzig in Zahlen und Fakten

Alter: 1165 gilt als Gründungsjahr der Stadt, da in diesem Jahr Markgraf Otto der Reiche von Meißen dem Ort das Stadt- und Marktrecht erteilte.
Fläche: knapp 300 km²
Lage: Leipzig liegt in einer Tieflandsbucht im Nordwesten Sachsens an den Flüssen Elster, Pleiße und Parthe.
Einwohner: 531 800 (Stand 2012)
Einwohnerdichte: 1725 Einwohner pro km²
Klima/Temperaturen: relativ mildes Klima, Jahresmittel = 9 bis 11 °C

Fassadenschmuck der Commerzbank am Thomaskirchhof

Bildung: Die Stadt verfügt über die Universität Leipzig und mehrere Hochschulen. Leipzig hat den größten Studentenclub und mit dem Deutschen Literaturinstitut die einzige deutsche Schriftstellerschule.
Wirtschaft: Mit der Wende brach nahezu die gesamte Industrieproduktion in und um Leipzig zusammen. Bis heute hat sich diese Situation nicht wesentlich gebessert. Die gesamte Region Leipzig ist ein wichtiges Zentrum der Energiewirtschaft. Hier befindet sich die größte Energiebörse Kontinentaleuropas, genannt European Energy Exchange. Der Gesundheitssektor und die Biotechnologie bilden neue Wirtschaftszweige.
Tourismus: etwa zwei Millionen Besucher jährlich, darunter 14 % ausländische Gäste.

Anreise

Mit dem Flugzeug ➡ aA1
Der Flughafen Leipzig/Halle liegt am Autobahnkreuz A 9/A 14, 18 km von Leipzig entfernt. Vom Flugplatz zum Hauptbahnhof verkehrt der Flughafen-Express ca. halbstündlich und macht einen Zwischenstopp am Messebahnhof. Flughafeninformation:
℡ (03 41) 224 10 55
www.leipzig-halle-airport.de

Mit der Bahn ➡ bA3/4
Leipzig ist mit dem IC oder dem ICE von großen deutschen Städten direkt erreichbar.
Bahnauskunft ℡ 11861
www.bahn.de
ServicePoint Leipziger Hauptbahnhof: ℡ (03 41) 968 10 55

Mit dem Auto
Im Norden der Stadt verläuft die Autobahn A 14 (Magdeburg–Dresden) und im Westen die A 9

Leipziger Skyline bei Nacht

(München–Berlin). Mit der A 38 ist im Süden eine Umfahrung der Stadt möglich.

Die zentrale Station für Busse des Fernverkehrs befindet sich an der Ostseite des Hauptbahnhofs.

Auskunft

www.leipzig.de
www.ltm-leipzig.de.
www.leipzig-plus.de
www.leipzig-info.net
www.leipzig-online.de

Leipzig Information ➡ bB2
Katharinenstr. 8
04109 Leipzig
✆ (03 41) 71 04-260 und -265
Zimmervermittlung
✆ (03 41) 71 04-255
www.leipzig.de
Mo–Fr 9.30–18, Nov.–Feb. 10–18, Sa 9.30–16, So 9.30–15 Uhr
Infomaterial, Zimmervermittlung, Reservierung von Stadtrundfahrten, Veranstaltungstickets, Verkauf der »Leipzig Card« etc.

Leipzig Card
Inhaber der Leipzig Card haben freie Fahrt mit Straßenbahn und Bus innerhalb des Stadtgebiets. Museen, Kulturveranstaltungen, zahlreiche Gaststätten und der Zoo gewähren Ermäßigungen. Günstiger sind ebenso Fahrradtouren und Bootsfahrten am Cospudener See. Die Karte kann u.a. bei der Leipzig Information (auch online), in einigen Museen und Hotels und den LVB-Servicestellen erworben werden. Sie ist nach Antritt der Fahrt zu entwerten und gilt nur mit der Unterschrift des Inhabers.
Tageskarte für eine Person € 8,90, 3-Tageskarte für eine Person € 18,50
3-Tagesgruppenkarte für zwei Erwachsene und bis zu drei Kindern (unter 14 Jahren) € 34

Feste, Veranstaltungen, Messen

März
Leipziger Buchmesse und **Leipziger Antiquariatsmesse** (www.leipziger-messe.de).

Leipzig liest – Rahmenprogramm zur Leipziger Buchmesse, größtes Lesefest im deutschsprachigen Raum, wird tagsüber in den Messehallen und abends in Kneipen, Cafés, Buchhandlungen und Museen in der Innenstadt gefeiert, jährlich (www.leipziger-buchmesse.de).

Ostermesse-Spektakel – österlicher Innenstadt-Markt mit mittelalterlichem Flair, historischen Buden, traditionellem Handwerk, deftigen Speisen und mittelalterlicher Musik.

April

Leipzig. Courage zeigen – Open-Air-Spektakel mit namhaften Künstlern der deutschen Pop-Musik am Vorabend des Tages der Arbeit, am Völkerschlachtdenkmal, jährlich am 30. April (www.leipzig-courage-zeigen.de).

AMI – Automobil International – Automobilmesse in allen geraden Jahren, nächster Termin: 14.–22. April 2012.

Mai

Pferderennen Scheibenholz – am 1. Mai Beginn der Galopprennsaison
Scheibenholz, Wundtstr. 4
℡ (0341) 9604327
www.galoppimscheibenholz.de

Internationales Seifenkistenrennen – Prix de Tacots – selbst gebaute Rennwagen, Spaß, Spannung, Siegerparade, Volksfest auf dem Fockeberg, alljährlich an einem Sonnabend im Mai (www.nato-leipzig.de).

Wave-Gotik Treffen – europaweit einmaliges Festival der Gotik- und Neoromantik-Szene, schwarz und skurril, jährlich zu Pfingsten (www.wave-gotik-treffen.de).

Juni

Bachfest – internationales Musikfest für barocke Musik, interessante Interpretationen an authentischen Plätzen (Kartenbestellungen unter: ℡ 0341 9137300, www.bach-leipzig.de).

Leipziger Stadtfest – drei Tage lang Spaß und Unterhaltung in der City, Musik-Shows, Jahrmarkt. www.leipzigerstadtfest.de.

Internationales Badewannenrennen – Spaß-Regatta am Völkerschlachtdenkmal, Kult für Freunde des alternativen Bootbaus und der tragischen Seenotrettung, alljährlich an einem Sonnabend im Juni (www.nato-leipzig.de).

Shalom. Jüdische Woche – jüdische Kunst und Kultur zur Geschichte der Juden in Leipzig, Konzerte, Ausstellungen, Vorträ-

Europaweit einzigartig: das Wave-Gotik-Treffen zu Pfingsten

ge, Filme, aller zwei (ungerade) Jahre im Juni.

Juli

Internationaler Johann-Sebastian-Bach-Wettbewerb – einer der großen internationalen Musikwettbewerbe für junge MusikerInnen (www.bach-leipzig.de).

Leipziger Hörspielsommer – Deutschlands größtes Festival für Hörspielfreunde findet zehn Tage lang im Richard-Wagner-Hain statt (Eintritt frei).

Saxonia International Balloon Fiesta – größter Ballonfahrertreff Deutschlands, Silbersee in Leipzig-Lößnig, Flugplatz Böhlen, Ende Juli, Terminanfrage erforderlich (www.balloonfiesta.de).

Juli/August

Sommertheater – Aufführungen der Städtischen Bühnen und freier Theatergruppen, leichte, attraktive Kost an Spielstätten wie Parkbühne im Clara-Zetkin-Park, Gohliser Schlösschen, Moritzbastei, Galopprennbahn Scheibenholz, Webers Hof, Innenhof des GRASSI Museums.

August

Classic open – klassische Musikeinspielungen in geselliger Form, Großleinwand auf dem Markt oder dem Augustusplatz, jeweils zehn Tage (www.leipzig.de/classic-open).

Leipziger Wasserfest – drei Tage voller Spaß und Unterhaltung an Leipzigs Gewässern; Bootsparade, Fischerstechen, Beachpartys, alljährlich an einem Wochenende im August (www.wasserfest-leipzig.de).

August/September

Mendelssohn-Festtage – Höhepunkt der Gewandhaussaison, Konzerte, Vorträge und Austellungen, jährlich (www.gewandhaus.de).

September

Schumann-Festwoche – Jedes Jahr im September erklingen an authentischen Spielstätten Werke von Robert und Clara Schumann

Mendelssohn-Denkmal am Promenadenring gegenüber dem Hauptportal der Thomaskirche

und Komponisten aus ihrem Freundeskreis. Am 12. September, dem Hochzeitstag der Schumanns, findet ein Konzert in ihrer Traukirche in Leipzig-Schönefeld statt (www.schumann-verein.de).

September/Oktober

Leipziger Markttage – alljährlicher Innenstadtmarkt mit Reminiszenzen an die 500-jährige Messegeschichte.

Oktober

Internationales Leipziger Festival für Dokumentar- und Animationsfilm – traditioneller Treff für Filmemacher aus aller Welt, Werkschau und neueste Trends, Nacht des Jungen Films, jährlich eine Woche im Oktober (www.dokfestival-leipzig.de).

Lachmesse, Europäisches Humor- und Satirefestival – größtes Kabarett- und Kleinkunstfest im deutschsprachigen Raum, mit internationaler Beteiligung und Preisverleihung, in den Kabaretts der Stadt, jährlich zehn Tage (www.lachmesse.de).

Leipziger Jazztage: renommierter Treff der internationalen Jazz-

Avantgarde, an mehreren Spielstätten (Oper, Moritzbastei, naTo, Reformierte Kirche), jährlich vier Tage (www.leipziger-jazztage.de, www.jazzclub-leipzig.de).

Völkerschlacht bei Leipzig – Auf den Grundwiesen Leipzig-Liebertwolkwitz stellen Akteure in historischen Kostümen ein großes Gefecht mit allen Kämpfen nach. Biwaks, Truppenparade, Ausstellungen, Spaß, jährlich drei Tage Mitte Oktober (www.leipzig1813.com).

November

euro-scene – wichtiges Festival des zeitgenössischen europäischen Theaters, Gastspiele avantgardistischer und experimenteller Gruppen, jährlich (www.euro-scene.de).

November/Dezember

Leipziger Weihnachtsmarkt – weihnachtlicher Markt mit einzigartigem historischen Ambiente seit 1767, auf Plätzen und Straßen der Innenstadt, mittelalterliche Weihnacht auf dem Naschmarkt, kulinarische Leckereien, ab Ende November.

Verschiedene Termine:

Kleinmesse – Riesenrad, Achterbahn, Autoskooter, Schießbuden, Zuckerwatte, Karussells und Geisterbahn, etwa 120 Attraktionen, am Cottaweg, dreimal 14 Tage im Jahr (www.leipziger-kleinmesse.de).

Thomanerchor, Motetten und Kantaten – Fr 18, Sa 15 Uhr in der Thomaskirche, außer in den Ferien- und Konzertreisezeiten (www.thomanerchor.de).

Hinweise für Menschen mit Behinderungen

Der Behindertenverband Leipzig e. V. hat einen Stadtführer für Behinderte erstellt, den man in der Geschäftsstelle des Verbandes oder über das Internet kostenlos bekommt:

Behindertenverband Leipzig e. V.
Bernhard-Göring-Str. 152
04277 Leipzig
✆ (0341) 306 52 21
www.le-online.de/cityhand

Notfälle, wichtige Rufnummern

Vorwahl Leipzig ✆ 0341
Polizei ✆ 110
Feuerwehr, Rettungsdienst ✆ 112
Ärztlicher Notdienst

Weihnachtsmarkt an der Nikolaikirche

Kneipenmeile Barfußgässchen

✆ (0341) 19292
Dialyse-Bereitschaft
✆ (0341) 451 22 36
Frauen-Notruf ✆ (0341) 306 52 46
Kinder-Notdienst
✆ (0341) 601 96 85
Stadtverwaltung ✆ (0341) 1230
Fundstellen:
Seeburgstr. 51 ✆ (0341) 123 32 71
Hauptbahnhof ✆ (0341) 968 32 23

Presse, Stadtmagazine

Die top-aktuellen Nachrichten über das Geschehen in der Stadt entnimmt man der **Leipziger Volkszeitung**, der auflagenstärksten Tageszeitung Leipzigs. Die monatlichen Stadtmagazine **Kreuzer** und **Prinz** geben ein komplettes Veranstaltungsangebot und alle wichtigen Informationen. Die Journale **Zeitpunkt** und **Blitz** liegen kostenfrei öffentlich aus.

Sightseeing, Touren

Führungen durch Plagwitz:
Plagwitz (Straßenbahn 1/Holbeinstraße, 14/Gießerstraße, 3/Elsterpassage) kann man zu Fuß mit und ohne Führung erkunden. Die Schiffs- oder Bootstour sollte nicht ausgelassen werden (ab Antonienbrücke, Straßenbahn 1). **Leipzig Erleben GmbH** bietet einen zweistündigen Rundgang oder auch eine Radtour durch Plagwitz an. Bitte erkundigen Sie sich nach den Terminen: ✆ 0341-7104230, www.leipzig-erleben.com.

Der **Ausflugskahn »Weltfrieden«** schippert ebenfalls durch Plagwitz: ✆ (0341) 59 01 64 79, www.ms-weltfrieden.de, April–Okt. Sa/So/Fei 11–18.30 Uhr, ab Industriestraße/Plagwitz.

Thematische Stadtführungen in großer Vielfalt
✆ (0341) 7104230
www.leipzig-erleben.com
2–3 Stunden: zu Fuß € 6–8 pro Person, per Rad € 8, mit Bus oder »Bimmel« € 12–15, Wassertour 4 Std. € 28/Pers.
Themen u.a.: »Das literarische Leipzig«, »Herbst '89 in Leipzig«, »Dr. Schneider und seine Immobilien«, »Spuren jüdischen Lebens«, »Studiosus Goethe in Leipzig«, »Martin Luther und Leipzig« usw. Ab Richard-Wagner-Str. 1.

Stadtrundfahrt mit dem »Gelben Leipziger«
✆ (0341) 1497879

Zwei Stunden mit dem Bus – ab Oper, € 15 pro Person.

Historische Stadtspaziergänge

☎ (0341) 149 78 79
Dauer: zwei Stunden, Startpunkt: Thomaskirche oder Nikolaikirche, Preis: € 6–8,50 pro Person

Trabi-Stadtrundfahrten und Trabi-Events

Richard-Wagner-Str. 3, gegenüber Hauptbahnhof
☎ (0341) 14 09 09 22
www.trabi-stadtrundfahrten.de

Sprachhilfen für das Sächsische

Es fällt selbst einem Sachsen schwer, einen sächsisch geschriebenen Text flüssig zu lesen. Das laute Lesen kann bei der Sinnerschließung behilflich sein. Erschwerend kommt hinzu, dass der sächsische Dialekt großen territorialen Schwankungen unterworfen ist. Allerdings wird nur der Einheimische schnell erkennen können, ob er einen Leipziger, einen Dresdner oder einen Zwickauer vor sich hat. Und die Erzgebirger Sachsen sind selbst für einen Leipziger schwer zu verstehen.

Allen gemeinsam ist, dass die Unterschiede zwischen »B« und »P«, »G« und »K« sowie zwischen »D« und »T« kaum vorhanden sind, dass alle Silben sehr gedehnt und manche Buchstaben regelrecht verschluckt werden. Außerdem gibt es einen offenen Katalog sächsischer Wortschöpfungen, zu deren Übersetzung regelmäßig ganze Kabarettsäle gefüllt werden.

Sächsische Wortschöpfungen

Morschn!	– Guten Morgen!
Daach!	– Guten Tag!
Nahmd!	– Guten Abend!
Wie schbähd hammrsn?	– Wie spät ist es?
Schulldchnsä.	– Entschuldigen Sie bitte.
Mir brummd dorr Nischl.	– Ich habe Kopfweh.
In dähr Buhde is awwr änne Dämmse.	– Im Zimmer ist es warm.
Blämmbe, Lohrge, Blärre	– schlechter Kaffee
Bäffschdägg	– Beefsteak
Chdoob	– Trinkgeld
Was hammsn heide?	– Was gibt's zu essen?
Nu ja, es läbberd sich zäsamm, is awwr deior.	– Die Summe ist höher, als ich dachte.
Was machdn dähr Gram?	– Wie viel kostet es?
Dädn Se ma off mei Gelummbe uffbassn?	– Würden Sie bitte auf mein Gepäck achtgeben?
Nu awwr flodd!	– Beeilen Sie sich!
Ich duh dauernd draußn rumguddschn.	– Ich bin viel auf Reisen.
Dschissi!	– Auf Wiedersehen!
Machenses hibsch!	

Einen umfassenden Einblick in den Gebrauch der sächsischen Sprachkunst gibt »Machense geene Fissemaddenzchen«, Bernd-Lutz Lange, Eichborn Verlag.

Verkehrsmittel

Die Stadt ist mit einem äußerst dichten Netz von Straßenbahnlinien durchzogen. Von den Stationen des innerstädtischen Rings gelangt man bequem in die äußeren Bezirke. Vor dem Hauptbahnhof befindet sich mit der Zentralhaltestelle der größte Knotenpunkt. Die S-Bahn zum Flughafen und die Fernbusse haben auch am Hauptbahnhof ihren Ausgangspunkt.

Die Einzelfahrkarte kostet € 2,30 (Kind € 1), eine Kurzstrecke (bis vier Haltestellen) € 1,60, die Tageskarte € 5,50 (Kind € 3). Inhaber einer »Leipzig Card« erhalten freie Fahrt mit Straßenbahn und Stadtbus. Tickets sind am Bahnhof, in der Stadtinformation und an Automaten der größeren Haltepunkte erhältlich. In den Bahnen können Tickets am Automaten erworben werden. Es ist empfehlenswert, zu den außerhalb der Innenstadt gelegenen Vista Points mit der »Bimmel« zu fahren.

Pkw-Parkplätze befinden sich rund um den Stadtring, in den Parkhäusern am Bahnhof, am Neuen Rathaus, am Augustusplatz, der Thomasgasse, der Zentralstraße und der Otto-Schill-Straße. Für den Ausflug zu den Seen im Leipziger Südraum sollte das Auto genutzt werden.

Service der Leipziger Verkehrsbetriebe:
℡ (0341) 19449, www.lvb.de

Taxis:
℡ (0341) 4884
℡ (0341) 4233
℡ (0341) 982222
℡ (0341) 71000
℡ (0341) 22224444

Mitfahrzentrale:
Goethestr. 7–10
℡ (0341) 19440

Autovermietung:
AVIS ➜ bA3/4
Hauptbahnhof DB-Reisezentrum
℡ (0341) 9611400
www.avis.de
CC Raule ➜ G12
Prager Str. 60
℡ (0341) 5906825
www.cc-raule.com
Enterprise
– Ernst-Keil-Str. 3 ➜ aC2
℡ (0341) 222280
www.enterprise.de
– Prager Str. 38–40 ➜ G11
℡ (0341) 652210
Europcar ➜ bA3/4
Wintergartenstr. 2
℡ (0341) 141160
www.europcar.de
Hertz ➜ bA3/4
Hauptbahnhof DB-Reisezentrum
℡ (0341) 4773712
www.hertz.de

Fahrradverleih:
Eckhardt Zweiräder ➜ C9
Am Hauptbahnhof
Parkhaus West
℡ (0341) 9617274
www.bikeandsport.info
Mo–Fr 9–20, Sa 9–16 Uhr, € 8 pro Tag, zzgl. € 50 Kaution) ∎

Symbol der Ostalgie: Ostampelmännchen

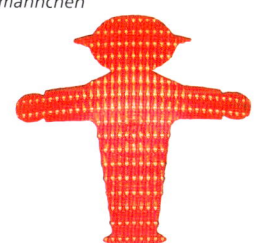

Die **fetten** Seitenzahlen verweisen auf ausführliche Erwähnungen, *kursiv* gesetzte Begriffe und Seitenzahlen beziehen sich auf den Service.

GO VISTA PLUS CITY & INFO GUIDES

Barcelona

Berlin

Bodensee

Deutschland

Dresden

Erzgebirge

Hamburg

Kroatien

Leipzig

London

Mallorca

Mecklenburgische Seenplatte

www.vistapoint.de

Jetzt auch mit Reise-App für Smartphones erhältlich

München

New York

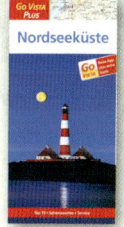

Nordseeküste

Ostseeküste

Paris

Rom

Rügen · Usedom

Südtirol

Toskana

Türkei
Mittelmeerküste

Venedig

Wien

Konzeption, Layout und Gestaltung dieser Publikation bilden eine Einheit, die eigens
für die Buchreihe der **Go Vista City/Info Guides** entwickelt wurde. Sie unterliegt
dem Schutz geistigen Eigentums und darf weder kopiert noch nachgeahmt werden.

© Vista Point Verlag GmbH, Händelstr. 25–29, D-50674 Köln
3., aktualisierte Auflage 2013
Alle Rechte vorbehalten
Verlegerische Leitung: Andreas Schulz
Reihenkonzeption: Vista Point-Team
Bildredaktion: Andrea Herfurth-Schindler
Lektorat: Eszter Kalmár, 3. Auflage: Kristina Linke
Layout und Herstellung: Kerstin Hülsebusch-Pfau
Kartographie: Berndtson & Berndtson GmbH, Fürstenfeldbruck,
und Kartographie Huber, München
Reproduktionen: Henning Rohm, Köln
Anzeigenverkauf: Kommunalverlag GmbH & Co. KG, Ottobrunn
Druckerei: Colorprint Offset, Unit 1808, 18/F., 8 Commercial Tower, 8 Sun Yip
Street, Chai Wan, Hong Kong

ISBN 978-3-86871-060-1

An unsere Leser!
Die Informationen dieses Buches wurden gewissenhaft recherchiert
und von der Verlagsredaktion sorgfältig überprüft. Nichtsdestoweni-
ger sind inhaltliche Fehler nicht immer zu vermeiden. Für Ihre Korrek-
turen und Ergänzungsvorschläge sind wir daher dankbar.

VISTA POINT VERLAG
Händelstr. 25–29 · 50674 Köln · Postfach 270572 · 50511 Köln
Telefon: 02 21/92 16 13-0 · Fax: 02 21/92 16 13-14
www.vistapoint.de · info@vistapoint.de